AF636754

Staunen – Wissen – Entdecken

Anne Scheller

Mein Niedersachsen-Buch

Wissensspaß für schlaue Kinder

Dieses Buch gehört

....

Mit Tipps von ZEIT leo, dem Kindermagazin

Anne Scheller

Mein Niedersachsen-Buch

Wissensspaß für schlaue Kinder

Mit Illustrationen von Anne Bernhardi

emons:

Inhaltsverzeichnis

1. Landschaft 6
2. Bevölkerung 28
3. Essen und Trinken 52
4. Schule und Arbeit 66
5. Wohnen 80
6. Feste, Kunst, Kultur 92
7. Sport und Spiel 108
8. Anhang 120

In der einzigartigen Kulturlandschaft der Lüneburger Heide findet man viele seltene Pflanzen und Tiere.

Niedersachsen in Zahlen

Gründung: 1. November 1946
Fläche: 47.614 km² (entspricht fast 7 Millionen Fußballfeldern), damit zweitgrößtes Bundesland
Flächennutzung: 60 % Landwirtschaft, 21 % Wald, der Rest sind Häuser, Straßen, Gewässer ...
Einwohner: 7,9 Millionen
Größte Stadt: Hannover (526.000 Einwohner)
Längster Fluss: Weser (353 km lang)
Höchster Punkt: Wurmberg (971 m über dem Meeresspiegel)
Tiefster Punkt: Freepsum (2,5 m unter dem Meeresspiegel)

Wie sieht Niedersachsen aus?

Vom Harz bis ans Meer

Niedersachsen ist nur eines von 16 deutschen Bundesländern. Besonders ist aber, dass es als einziges Bundesland eine Meeresküste und ein Gebirge hat! Und auch zwischen Nordsee und Harz gibt es jede Menge zu entdecken: plattes Land und große Städte, nasse Moore und trockene Heide, natürliche Landschaften und hochmoderne Technik. Und natürlich jede Menge interessante Menschen, spannende Geschichte(n) und sehenswerte Orte.

Moin, Moin!

Mit »Moin!« oder »Moin, Moin!« begrüßen und verabschieden sich viele Niedersachsen – den ganzen Tag lang. Es hat nämlich nichts mit dem Morgen zu tun. »Moi« heißt »gut« oder »schön«, man wünscht sich also einen guten oder schönen Tag.

Was haben die Eiszeiten mit Niedersachsen zu tun?

Über Tausende von Jahren schoben sich immer wieder gigantische Eismassen über Europa. Die Gletscher formten Täler und Ebenen und hinterließen Kies, Sand und Steine. Das kann man noch heute an den unterschiedlichen Landschaften erkennen. Etwa die Hälfte von Niedersachsen ist Geest. Hier ist der Boden sandig, denn die Gletscher ließen Sand zurück. Es gibt nur niedrige Hügel, die sogenannten Moränen, die ebenfalls von Gletschern angehäuft wurden. An der Nordseeküste und an den nördlichen Ufern von Elbe, Weser und Ems liegt die Marsch. Hier lagerten die Gletscher fruchtbaren Schlick ab, das Land ist ganz platt. Deiche schützen es vor Überflutung. Breite und flache Urstromtäler liegen um Elbe, Weser und Aller herum. Am Ende der Eiszeiten floss hier das Schmelzwasser der Gletscher ab. Im Süden Niedersachsens rund um Osnabrück, Hildesheim und Göttingen liegt das Bergland. Es ist bis zu 500 Meter hoch. Das höchste Mittelgebirge in Niedersachsen ist der Harz, der 971 Meter in den Himmel ragt.

Die Kugelbake in Cuxhaven markiert die Elbmündung und den nördlichsten Punkt Niedersachsens.

Flache Urstromtäler prägen bis zum heutigen Tag die Landschaft.

Wangerooge:
Die Silbe »-oog«, die du im Namen vieler Inseln liest, ist Friesisch und bedeutet »Insel«.

Welche Inseln gibt es in Niedersachsen?

Wie Perlen auf einer Kette liegen die Ostfriesischen Inseln vor der Küste. Sie erstrecken sich über etwa 90 Kilometer zwischen den Mündungen der Ems im Westen und der Weser weiter östlich. Von West nach Ost gibt es sieben bewohnte Inseln: Borkum, Juist, Norderney, Baltrum, Langeoog, Spiekeroog und Wangerooge. Zwischen Borkum und Juist liegen außerdem drei unbewohnte Eilande, Lütje Hörn, Memmert und Kachelotplate. Östlich von Wangerooge liegen die unbewohnten Inselchen Minsener Oog und Mellum.

Die Ostfriesischen Inseln sind ein tolles Urlaubsziel. Schon die Überfahrt mit dem Schiff ist etwas Besonderes. Mit Ausnahme der beiden größten Inseln Borkum und Norderney dürfen hier keine Autos fahren. Auf der Nordseite, zum Meer hin, haben die Inseln Dünen und wunderschöne Sandstrände. Zum Festland hin gibt es bei Ebbe das Wattenmeer zu erkunden.
Auch in der Elbe gibt es Inseln, zum Beispiel Hanskalbsand und Lühesand. Sie sind unbewohnt, auf Lühesand kann man aber auf einem Campingplatz zelten.

Mit Gummistiefeln kannst du dem Wasser trotzen.

So sieht es bei Ebbe aus ...

... und so bei Flut.

Wie entstehen Ebbe und Flut?

Viele Kinder, die zum ersten Mal an die Nordsee kommen, sind enttäuscht: Da ist ja gar kein Meer, nur Schlick so weit das Auge reicht! Das ist das Wattenmeer. Es zeigt sich zweimal am Tag. Sechs Stunden lang sinkt der Wasserstand an der Küste, dann ist Ebbe, und der Meeresboden fällt trocken, nur in den Prielen fließt noch Wasser. Danach steigt das Meer sechs Stunden lang, und es ist Flut. Aber woher kommen Ebbe und Flut? Der Mond zieht das Meerwasser durch seine Anziehungskraft in seine Richtung. So entsteht ein »Flutberg«. Ein zweiter bildet sich auf der gegenüberliegenden Seite der Erde. Beide Wasserberge wandern über die Weltmeere, weil sich die Erde immer weiter dreht. An den Küsten stauen sich die Wassermassen, deshalb ist hier der Unterschied zwischen Hoch- und Niedrigwasser besonders groß. An der Nordsee steigt und fällt das Wasser täglich um ein bis zwei Meter. Bei Sturm läuft die Flut sehr viel höher auf: Es gibt eine Sturmflut.

Gerke Enno Ennen und andere Wattführer nehmen dich mit auf Entdeckungstour durchs Watt.

Zu Fuß durchs Wattenmeer

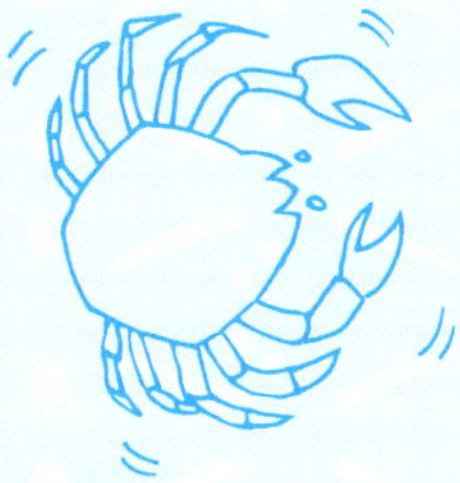

Gerke Enno Ennen ist Nationalpark-Wattführer zwischen dem Festland und den Inseln sowie im Jadebusen.

Das Watt ist doch nur Matsch. Warum gehen Sie da wandern?

Weil man tolle Tiere finden kann: Krebse, Muscheln, Meerasseln und Quallen. Neulich habe ich sogar eine Seemaus gesehen, das ist ein großer Ringelwurm.

Das klingt lustig! Können wir gleich los?

Ja, auf eine kleine Tour, dann kommt die Flut. Wir müssen unbedingt die Gezeiten beachten! Meist wandern wir dem ablaufenden Wasser hinterher und vor der Flut zurück.

Ist Wattwandern gefährlich?

Man muss wissen, wann man das Watt zu verlassen hat, nämlich noch bei Niedrigwasser. Und man muss den Weg finden. Bei Seenebel, Starkregen oder Dunkelheit sieht man den Weg nicht mehr, dann wird es gefährlich. Ich finde den Rückweg aber auch mit Kompass.

Oh, gut! Was braucht man noch auf einer Wattwanderung?

Ich nehme Karten, Handy, Seil und Erste-Hilfe-Set mit, einen Kescher und eine Forke, um Tiere zu finden. Du brauchst nur Spaß am Entdecken und alte Turnschuhe, damit du dich nicht an Muscheln schneidest.

Haben Sie schon mal etwas Wertvolles im Watt gefunden?

Etwas richtig Wertvolles nicht, nein. Aber in meinem Garten hängen viele Schaukeln, weil ich oft Taue und Fender (Pufferbälle) von Segelbooten entdecke.

Möwen lieben Fisch. Hier warten sie am Fischkutter auf den leckeren Fang.

Herzmuschel und Miesmuschel

Welche Tiere leben in der Nordsee?

Kreischende Möwen, Muschelschalen am Strand und Sandbänke voller Seehunde: An und in der Nordsee sind viele unterschiedliche Tierarten zu Hause. Seehunde sind geschickte Schwimmer und fangen sich tauchend

Mitmachtipp!

Wasserexperiment mit Muscheln

Bei einem Besuch an der Nordsee kannst du ein spannendes Experiment mit Miesmuscheln machen.

DU BRAUCHST:
Zwei leere, saubere Marmeladengläser – und du solltest möglichst nah am Meer sein!

SO GEHT'S:
Gehe bei Ebbe zu einer Miesmuschelbank an einem Felsen oder Holzpoller. Pflücke vorsichtig zwei Miesmuscheln und lege sie in ein Glas. Fülle beide Gläser mit trübem Meerwasser.

Beobachte die Gläser: am Anfang des Experiments und nach etwa einer Stunde. Das Wasser im Muschelglas wird mit der Zeit weniger trüb, denn die Muscheln filtern es. Bringe sie danach zurück ins Meer.

Fische zum Fressen. Die pelzigen Säugetiere mit den niedlichen Knopfaugen liegen oft in Gruppen auf Sandbänken. Mit einem Ausflugsschiff oder auf einer geführten Wattwanderung kommst du nah an sie heran. Es gibt in der Nordsee sogar Wale, nämlich die knapp zwei Meter langen Schweinswale. Gelegentlich verirren sich auch größere Wale hierher. Am Strand findest du haufenweise Muscheln. Von diesen Weichtieren ernähren sich Seevögel, zum Beispiel der schwarz-weiße Austernfischer mit dem roten Schnabel. An jedem Hafen und Strand siehst du Möwen, meist Silbermöwen (mit rosa Füßen) oder Lachmöwen (mit roten Füßen). Ihr klagender Ruf ist es, den wir alle mit der Nordsee verbinden. Und wenn am Strand jemand seitwärts läuft, dann ist es kein verwirrter Urlauber, sondern eine Strandkrabbe mit Panzer und Scheren.

Seehundfütterung auf der Station

Wo die Heuler heulen!

In der Seehundstation Norddeich leben echte Heuler – das sind Jungtiere, die ihre Mütter verloren haben. Sie werden hier von Hand aufgezogen. Erst wenn sie groß und stark sind, kehren sie in ihren natürlichen Lebensraum, die Nordsee, zurück. Bei einem Besuch in der Seehundstation kannst du den niedlichen Tieren hautnah beim Schwimmen, Tauchen und Fressen zusehen.

Außerdem erfährst du in der Ausstellung, wie Menschen, Tiere und Pflanzen am und im Wattenmeer leben.

Seehundstation
Nationalpark-Haus Norddeich
Dörper Weg 24
26506 Norden-Norddeich
www.seehundstation-norddeich.de

***Am Pilsumer Leuchtturm** ist der Deich an der Seeseite (links) flach, an der Landseite steil.*

Der Blanke Hans !

Immer wieder kommt es an der Nordsee zu Sturmfluten. Der »Blanke Hans«, wie man auch sagt, überschwemmt die Küste, zerstört Häuser und ist auch eine Gefahr für die Menschen. Richtig schlimm war das zuletzt bei der Sturmflut im Februar 1962.

Was schützt die Küste vor der Flut?

Die Küste und ihre Bewohner müssen geschützt werden – vor der Nordsee, wenn sie bei Hochwasser und Sturmflut ihre nassen Finger zum Land ausstreckt. Dafür gibt es in Niedersachsen ungefähr 1.000 Kilometer Deiche. Ja, richtig gelesen, 1.000 Kilometer! Sie schützen die Nordseeküste, die Flüsse sowie die Inseln. Die größten Deiche sind bis zu neun Meter hoch. Die Deichbauer haben die Höhe so berechnet, dass die schützenden Erdwälle die höchste zu erwartende Flut abhalten sowie die Wellen, die bei Sturm noch zusätzlich entstehen, zudem einen Sicherheitspuffer.

Deiche sehen nicht auf beiden Seiten gleich aus. Zum Land hin sind sie steil, zum Meer hin laufen sie flach aus. Vor dem großen Hauptdeich liegt das Deichvorland mit niedrigen Vordeichen oder Wellenbrechern. Das alles verringert die Kraft der anrollenden Wogen. Auf dem Deich wächst meist Gras, das von Schafen kurzgefressen wird. Dadurch bleibt der Rasen fest und kann bei Sturmflut die Deicherde halten. Unsere Deiche sind also wirklich sehr sicher.

Kann man aus Wind etwas Neues machen?

Die Nordseeküste und der Wind gehören zusammen wie der Deich und die Schafe, wie Nieder und Sachsen. An der Nordsee ist es fast immer windig. Das liegt daran, dass die Luft über dem Land schneller warm wird als über dem Wasser. Die warme Luft steigt auf, und kühle Meeresluft fließt nach – es wird windig! Da der Wind nicht von Bäumen oder Häusern gebremst wird, kann er ganz schön heftig werden. Viele Urlauber lieben die »steife Brise« an der See. Noch besser: Man kann Strom daraus machen! Dafür braucht man die riesigen Windräder oder Windkraftanlagen. Der Wind dreht ihre Flügel, und im Inneren des Turms wird die Drehbewegung in Strom umgewandelt. Über lange unterirdische Leitungen fließt der Strom direkt bis zu dir ins Kinderzimmer.

Windräder, die Strom erzeugen, gibt es in Niedersachsen fast überall: an Land und mitten im Meer.

Achtung, stürmisch! Dieses Schild warnt Autofahrer vor Windböen.

Die Okertalsperre im Harz ist der größte Stausee in Niedersachsen.

Wo gibt es noch mehr Wasser?

Unzählige Flüsse und Seen sorgen dafür, dass man es in Niedersachsen nie weit bis ans Wasser hat. Die größten Flüsse in Niedersachsen heißen Elbe, Weser und Ems. Alle drei fließen von Süden her in die Nordsee: Die Elbe im Nordosten bildet einen Teil der Grenze zu den Nachbarn Brandenburg, Mecklenburg-Vorpommern und Schleswig-Holstein, die Weser fließt in der Mitte und die Ems im Westen. Auf Elbe und Ems kannst du riesige Pötte beobachten: Auf der Elbe fahren Containerschiffe von und bis Hamburg, auf der Ems Kreuzfahrtriesen von Papenburg bis in die Nordsee – es ist immer viel los!

In der Nähe von Hannover liegt der größte See Niedersachsens, das Steinhuder Meer. Es ist etwa acht Kilometer lang und vier Kilometer breit, aber meist nur ein bis zwei Meter tief. Die Hannoveraner nennen den See daher auch liebevoll ihre »Badewanne«.

Im Harz gibt es künstlich angelegte Seen, die Talsperren. Hier werden Flüsse von gigantischen Staumauern aufgestaut, um Trinkwasser zu speichern und Strom zu erzeugen, wenn das Wasser zu Tal fließt.

Welche Tiere lieben das Wasser?

Am Wasser lebende Tiere wie Adler, Biber und Otter waren lange Zeit aus Deutschland verschwunden. Seit einigen Jahren aber fühlen sie sich wieder bei uns heimisch. Am Steinhuder Meer brüten Fischadler und Seeadler. Die mächtigen Greifvögel sind in Deutschland sehr selten! An der Elbe gibt es viele Biber. Diese Pelztiere bauen sich aus Ästen und Zweigen ihre Baue, die Biberburgen, immer direkt am Wasser. An vielen Flüssen und Bächen Niedersachsens leben heute auch wieder Fischotter. Die scheuen Säugetiere lieben sauberes Wasser und intakte Natur. Wo es Otter gibt, ist die Umwelt also weitgehend gesund.

Fischadler

Fischotter

Besuche unsere pelzigen Freunde!

Im Otterzentrum Hankensbüttel kannst du Fischotter und ihre Verwandten wie Marder, Dachse und Hermeline besuchen. Etwas Besonderes sind die Otterhunde. Die Jagdhunde mit dem gelb-braunen Wuschelfell wurden extra zur Otterjagd gezüchtet. Doch seit die Wassertiere geschützt sind, sind die Hunde »arbeitslos«. Es gibt nur noch ganz wenige von ihnen! Im Otterzentrum lernst du alle Tiere bei rund 30 Fütterungen am Tag aus der Nähe kennen.

Otterzentrum
Sudendorfallee 1
29386 Hankensbüttel
www.otterzentrum.de

Am Jadebusen führen die Straßen ganz nah ans Wasser heran.

Gute Frage

Kennst du einen Ostfriesenwitz? Darin kommen die Ostfriesen meist nicht gut weg, sie benehmen sich einfach zu dumm. Hier ein Beispiel: Was tut ein Ostfriese bei Stromausfall? Er wartet auf Ebbe und holt sich ein Kilo Watt.

Wie platt ist Ostfriesland?

Ungefähr zwischen den Mündungen der Flüsse Ems und Jade – dem Dollart und dem Jadebusen – liegt Ostfriesland. Das Land hier ist platt wie ein Pfannkuchen. Nur die Warften, das sind künstliche Hügel für Häuser und Kirchen, ragen wenige Meter heraus. Freepsum liegt 2,5 Meter unter dem Meeresspiegel und gilt als der tiefste Punkt des Bundeslandes. In Ostfriesland gibt es mehrere mittelgroße Städte wie Emden, Aurich und Leer und viele kleine Dörfer. Die Ostfriesischen Inseln gehören ebenfalls dazu.

Ostfriesland ist wirklich flach. Nur hier in der Mitte und am rechten Rand erheben sich lange Deiche.

Wo steht der schiefste Turm der Welt?

Jedenfalls nicht in Pisa, wie du sicher denkst. Der schiefste Turm ragt in den ostfriesischen Himmel! In dem kleinen Dorf Suurhusen steht seit etwa 1250 eine mächtige Backsteinkirche, die um 1450 einen neuen Turm bekam. Nach Jahrhunderten sackte er schräg weg, weil sein Fundament aus Eichenholz verrottete. Heute neigt sich der Turm bei einer Höhe von gut 27 Metern 2,47 Meter zur Seite. Damit ist er schiefer als der Schiefe Turm von Pisa und steht sogar im Guinnessbuch der Rekorde.

Der Kirchturm der alten Kirche von Suurhusen sackt nach hinten weg.

Der Außerfriesische

Otto Waalkes (geboren 1948) ist wohl der bekannteste und lustigste Ostfriese. Der Komiker macht Musik, zeichnet die niedlichen Ottifanten und dreht Filme. Besonders bekannt ist »Otto – Der Außerfriesische«, in dem der rot-gelbe Leuchtturm von Pilsum in Ostfriesland eine wichtige Rolle spielt. In Ottos Heimatstadt Emden gibt es ein Museum für den Komiker, »Dat Otto Huus«. Hier kannst du zum Beispiel seinen ersten Kaugummi bewundern.

Ein »Mammut« im Moor

Im Emsland Moormuseum erfährst du, wie das Moor vor Jahrhunderten trockengelegt und besiedelt wurde. Zu den Ausstellungsstücken gehört auch das riesige »Mammut«. Das ist aber kein Tier, sondern ein Pflug. Damit wurde der Torfboden umgebrochen, sodass er danach als Acker genutzt werden konnte. Im Außengelände des Moormuseums spazierst du durch eine echte Moorlandschaft und kannst einen typischen Moorbauernhof mit alten Haustierrassen besichtigen.

Emsland Moormuseum
Geestmoor 6
49744 Geeste/Groß Hesepe
www.moormuseum.de

Wo gibt es das größte Moor?

Braunschwarze Gewässer, niedrige Pflanzen, schlechter Ruf: Das sind Moore. Vor allem das Emsland war früher ein einziges riesiges Moor, aber leider wurde es ausgetrocknet. Moore gibt es an vielen Orten Niedersachsens. Sie entstehen, wo Regenwasser nicht im Boden versickert und abgestorbene Pflanzen im Wasser nicht zersetzt werden. So bildet sich eine matschige Masse aus Pflanzenmaterial, die sich Torf nennt. Das Bourtanger Moor an der Ems war das größte Moor Westeuropas. Doch irgendwann wollten die Menschen das Moor besiedeln, denn sie brauchten mehr Platz für Häuser, Höfe und Felder. Dafür wurden Gräben angelegt, damit das Wasser abfließen konnte. Der Torf wurde in Stücken abgestochen und getrocknet, so konnte man ihn prima als Brennstoff verwenden. Die älteste Moorstadt ist Papenburg, sie wurde 1630 im Bourtanger Moor gegründet. Heute wird wieder mehr auf den Erhalt der Moore geachtet.

Im Bourtanger Moor kann man viel entdecken.

Der Rote Franz

Beim Torfstechen im Bourtanger Moor wurde im Jahr 1900 eine Moorleiche entdeckt. Der Rote Franz, wie der Mann wegen seiner rot verfärbten Haare genannt wird, ist zwischen 1.600 und 1.900 Jahre alt! Moorleichen können uns einiges über das Leben in früheren Zeiten verraten. Der Mann aus dem Moor war etwa 30 Jahre alt, gesund und ein geübter Reiter. Was ihm im Moor genau zugestoßen ist, wird wohl für immer ein Rätsel bleiben.

Wohnt der Teufel im Moor?

Moore galten schon immer als gruselig und gefährlich. Das dunkle Wasser schmeckte schlecht, im Teufelsmoor lebte sogar der Teufel. Oder? Nein, der Name kommt vom plattdeutschen »doofen«, also »tauben« Moor. So nennt man Gewässer, die nur langsam oder gar nicht fließen. Eine andere Sage spinnt sich um die Bullenkuhle, ein kleines Moor im Landkreis Gifhorn. Dort soll ein ganzer Bauernhof im Moor versunken sein, nur ein Bulle entkam. Der Sage nach griff er Tiere und Menschen an, verschwand aber jede Nacht in der Bullenkuhle. In Wirklichkeit stürzte an dieser Stelle das Erdreich in einen unterirdischen Hohlraum. Es bildete sich eine Senke, in der das Wasser nicht ablief, wodurch ein Moor entstand.

Warum gibt es die Lüneburger Heide?

Mäh! Eine Herde Heidschnucken zieht über die Heide. Schäfer und Hütehund kümmern sich um die Tiere. Die grauen Schafe mit dem langen Fell und den gebogenen Hörnern fressen das Heidekraut. Das ist wichtig, denn nur so kann es erhalten bleiben. Heide kann auf dem sandigen, nährstoffarmen Geestboden zwischen Hamburg, Bremen und Celle gut gedeihen. Mit ihren Blüten färbt die Heide die Landschaft im August und September lila.

So hübsch die Heide ist, ist sie eigentlich ein Ergebnis von Umweltzerstörung. Schon vor Tausenden von Jahren wurde der damalige Wald abgeholzt, um Platz für Felder zu schaffen. Doch der Sandboden war wenig fruchtbar, Heide breitete sich aus, die Menschen mussten wieder Wald roden. Später schafften die Bauern Heidschnucken an, die die Heide kurz hielten und Baumtriebe wegfraßen. Regelmäßig wurde die Heide »geplaggt«, das heißt, ausgegraben und im Stall als Einstreu verwendet. Zusammen mit dem Mist der Tiere war das ein guter Dünger.

Heute gibt es nur noch kleine Heideflächen. Aber die Schnucken gehen hier vor!

Die Geschichte des Salzes kannst du im Salzmuseum in Lüneburg erleben.

Liegen Schätze im Heideboden?

Gold und Silber vielleicht nicht, aber unter der Stadt Lüneburg liegt ein Salzstock. Salz war im Mittelalter so wertvoll wie Gold. Aus dem Salzstock wurde salziges Wasser gepumpt. Diese Sole wurde erhitzt, bis das Wasser verdunstete und das Salz übrig war. Dafür brauchten die Salzsieder eine Menge Brennholz. So war das Salz mit Schuld daran, dass der Wald verschwand und die Heide sich ausbreitete. Lüneburg wurde durch den Handel mit dem »weißen Gold« sehr reich.

Ein anderer Bodenschatz der Heide ist Kieselgur. Das sind Schalen von Algen, die vor Millionen Jahren im Urmeer lebten. Man braucht Kieselgur für Papier, Kunststoffe, Wasserfilter, Dünger, Tabletten, Asphalt und viele andere Produkte.

Wo ist Niedersachsen bergig?

Im Süden von Niedersachsen wird es bergig. Hier erheben sich das Weserbergland und das Leinebergland sowie die Berge im Osnabrücker Land. Die Berge rund um Weser und Leine sind bis zu 500 Meter hoch. An der Weser fallen besonders viele prachtvolle Gebäude aus der Zeit von etwa 1515 bis 1615 auf. Richtige Märchenschlösser wurden in jenen Jahren gebaut, zum Beispiel Schloss Hämelschenburg und das Wasserschloss Hehlen.

In dieser Gegend liegt auch Göttingen. Die Stadt gehört mit 120.000 Einwohnern zu den größten Städten Niedersachsens. Hier gibt es eine alte Universität, an der viele bedeutende Forscher gelernt und gelehrt haben, zum Beispiel der Mathematiker Carl Friedrich Gauß und die Brüder Jacob und Wilhelm Grimm, die ihr sicher von den Grimm'schen Märchen kennt. In Osnabrück wurde 1648 ein wichtiger Friedensvertrag unterschrieben und damit der Dreißigjährige Krieg beendet. Daran erinnern jedes Jahr am 25. Oktober Tausende Kinder mit selbst gebastelten Steckenpferden.

Viertklässler ziehen am 25. Oktober mit Steckenpferden durch Osnabrück.

Die Gebrüder Grimm

Die Brüder Jacob und Wilhelm Grimm aus Kassel in Hessen sind auf der ganzen Welt berühmt, weil sie alte Märchen wie »Schneewittchen« und »Aschenputtel« sammelten und in Büchern veröffentlichten. Ab 1830 lebten sie als Professoren in Göttingen. Hier wurden sie bekannt, weil sie gegen König Ernst August I. von Hannover protestierten, der durch neue Gesetze große Macht erlangt hatte. Sie und fünf andere Professoren, die »Göttinger Sieben«, wurden aufgrund ihrer Proteste entlassen.

Wölfe (hier im Wolfcenter Barme) *sind unsere neuesten tierischen Mitbewohner.*

Wie wild ist Niedersachsen?

Luchse leben seit dem Jahr 2000 wieder im Harz.

In Niedersachsen ist viel Platz für Wälder und Felder. Kein Wunder, dass es da auch jede Menge wilde Tiere gibt. Die spannendsten unter ihnen sind vielleicht die Wölfe. Sie wurden vor etwa 100 Jahren ausgerottet, aber nun sind sie wieder da. Die ersten wilden Wölfe wanderten vor etwa zehn Jahren aus Ostdeutschland ein. Besonders in der Lüneburger Heide, wo es große Wälder und viel Platz gibt, leben Wolfsrudel. Etwa 80 Tiere sollen es derzeit sein. Angst haben muss man vor ihnen nicht, Wölfe sind scheu und meiden den Menschen. Ein anderes großes Waldtier ist das Wildschwein. Du kannst seine Spuren im Wald oft beobachten: Wo eine Rotte Wildschweine nach Futter gesucht hat, ist der Boden zerwühlt. Außerdem leben in Niedersachsen sehr viele Rehe und Rotwild. Am Wasser leben Biber, Fischotter und Adler, an der Nordsee Seehunde. An den Berghängen des Harzes sind Luchse und Wildkatzen zu Hause, Wanderfalken, Auerhühner und jede Menge kleinere Tiere wie Schmetterlinge und Vögel.

Lebten im Harz Einhörner?

Das wissen wir nicht so genau, immerhin liegt aber bei Herzberg die Einhornhöhle.

In ihr wurden Knochen gefunden, die die Menschen im 16. Jahrhundert für Überreste von Einhörnern hielten. In Wirklichkeit sind es jahrtausendealte Überbleibsel von Höhlenbären, Wölfen, Fledermäusen und anderen Tieren. Sie haben in der Höhle gelebt oder wurden von den Urmenschen als Beute hineingebracht.

Tropfsteine und Kaskaden – sie sehen aus wie versteinerte Wasserfälle – kannst du in der verwunschenen Iberger Tropfsteinhöhle und vielen anderen Harzer Höhlen besichtigen.

In die Blaue Grotte der Einhornhöhle fällt Sonnenlicht.

Blick vom Wurmberg aus nach Schierke

Hoch oben!

Der höchste Berg in Niedersachsen ist der Wurmberg, er ist 971 Meter hoch. Er ist allerdings nicht der höchste Berg im Harz, das ist der Brocken in Sachsen-Anhalt mit seinen 1.141 Metern.

Im Dinopark Münchehagen werden zahlreiche spannende Aktionen angeboten.

Entdecke Dinosaurier und andere Urzeittiere!

Im Freilichtmuseum Münchehagen kannst du dich auf die Spuren der Dinosaurier begeben. Auf einem etwa drei Kilometer langen Weg durch den Park kommst du an 230 lebensechten Modellen von Dinosauriern und anderen Urzeittieren vorbei. Bei dem Rundgang lernst du viel über die Entstehung und Entwicklung der Tiere und bekommst Antworten auf kniffelige Quizfragen. Schaffst du es, alle Aufgaben zu lösen, erhältst du einen Dino-Ranger-Ausweis.

Mitten im Museum findest du in einer riesigen Glashalle das Nationale Geotop »Saurierfährten«. Dort wurden mehrere Hundert versteinerte Fußabdrücke von Dinosauriern entdeckt, die teilweise über einen halben Meter lang sind. Noch heute nehmen Forscher die Spuren genau unter die Lupe, um mehr über die Tiere zu erfahren. Du kannst ihnen im Dino-Labor bei der Arbeit zuschauen: Dort präparieren und untersuchen die Wissenschaftler bis zu 154 Millionen Jahre alte Knochen und setzen sie zu einem Skelett zusammen. Du hast im Park außerdem die Gelegenheit, an verschiedenen Aktionen teilzunehmen: Du kannst mit Holzmeißel und Pinsel ein Dino-Skelett bergen, mithilfe von Fachleuten ein Fossil präparieren und Gesteinsknollen öffnen, um Kristalle zum Vorschein zu bringen.

Wenn du einen Ausflug zum Park planst, beachte die Öffnungszeiten. Von November bis März ist der Park in der Winterpause.

Dinosaurier-Park Münchehagen
Alte Zollstraße 5
31547 Rehburg-Loccum
www.dinopark.de

Wer waren die allerersten Niedersachsen?

Ausgräber Dr. Thieme mit einem der Urzeitspeere

Wie jagten die Urmenschen?

Wildpferde, Nashörner und Elefanten – solche großen Tiere jagten die Menschen vor rund 300.000 Jahren im heutigen Niedersachsen. Sie haben die Jagd vorher genau geplant und dann in Gruppen durchgeführt. All das hatten die Forscher den Menschen der Altsteinzeit lange nicht zugetraut. Doch dann wurde 1994 in Schöningen ein sensationeller Fund gemacht: sieben Holzspeere, zwei Meter lang und unglaubliche 300.000 Jahre alt, die ältesten Jagdwaffen der Welt! Normalerweise verrottet Holz viel schneller, doch diese Speere blieben erhalten. Welch ein Glück!

Braut aus Stein!

Der Sage nach sollte eine junge Frau einen ungeliebten Mann heiraten. Sie wollte lieber zu Stein werden, und so geschah es. Noch heute, nach rund 5.000 Jahren, stehen die Steingräber Visbeker Braut und Bräutigam im Landkreis Oldenburg.

Welcher Spuren gibt es noch?

An vielen Stellen in Niedersachsen findest du Hünengräber. Das sind Grabstätten, für die die Menschen in der sogenannten Jungsteinzeit von 5.500 bis 2.200 v. Chr. tonnenschwere Felsbrocken zu Wänden und Dächern aufschichteten – ganz ohne Maschinen! In manchen Gräbern fanden die Forscher Becher, Schmuck oder andere Grabbeigaben. Hättest du gedacht, dass die Niedersachsen früher Gold besaßen? Nein? Ist aber so. 2011 wurde in Gessel ein Goldschatz gefunden: 3.300 Jahre alt, 1,7 Kilogramm schwer und aus 117 Einzelteilen wie Ringen, Armreifen und Fibeln (Broschen) bestehend. Warum der wertvolle Schatz vergraben wurde? Das können die Forscher heute nicht mehr sagen. Vielleicht wollte ein Händler im Krieg seine Wertsachen schützen, oder Räuber haben ein Versteck angelegt.

Da es in Niedersachsen keine Goldvorkommen gibt, müssen die Menschen vor 3.300 Jahren Handel getrieben haben.

Reise in die Steinzeit!

Im Forschungs- und Erlebniszentrum Paläon besichtigst du die weltberühmten Holzspeere und bewunderst lebensechte Nachbildungen der Steinzeitmenschen. Oder du wirst selbst aktiv: Egal ob Speere werfen, mit dem Bogen schießen, Feuer machen oder einen Steinzeitgeburtstag feiern, hier wirst du zum Steinzeitmenschen!

Paläon – Forschungs- und Erlebniszentrum Schöninger Speere
Paläon 1
38364 Schöningen
www.palaeon.de

In Feddersen Wierde standen schon vor etwa 2.000 Jahren solche Häuser.

Wie lebten die Menschen im Jahr null?

Von den Römern wissen wir, dass vor 2.000 Jahren im heutigen Niedersachsen verschiedene Stämme oder Gruppen von Germanen lebten: An der Nordsee gab es die Chauken, südlich davon die Chatten und Cherusker, bei Lüneburg die Langobarden und noch einige andere. Sie lebten in vereinzelten Dörfern und Höfen, zwischen denen riesige Wälder und Moore lagen. Aus Gräbern wissen wir, dass sie Becher und Schüsseln aus Keramik herstellten sowie Schmuck und Werkzeuge aus Bronze oder Eisen schmiedeten. Ein 2.000 Jahre altes Dorf ist Feddersen Wierde bei Bremerhaven. Ausgrabungen zeigen, dass hier zwischen den Jahren 0 und 400 etwa 25 Häuser standen. Es waren lange, hallenartige Häuser, in denen Mensch und Tier unter einem Dach wohnten. Im Dorf lebten etwa 300 Menschen und rund 450 Rinder, Pferde, Schafe und Schweine. Außerdem hielten die Dörfler Hunde und bauten Getreide und Bohnen an.

Hermann der Cherusker

Im Jahr 9 n. Chr. wollte ein riesiges Römerheer unter dem Feldherrn Varus das Land zwischen Elbe und Rhein für Rom erobern. Doch es wurde von Cheruskern und anderen Germanenstämmen geschlagen. Ihr Anführer Hermann oder Arminius wurde bekannt, weil er die fremden Römer vertrieben hat – so ging die »Varusschlacht« in die Legende ein.

ZEIT leo Ausflugs-tipp!

Ausgrabungen in Kalkriese

Erfahre mehr über die Varusschlacht!

Wer waren die Germanen und Römer, und warum kam es zum Kampf zwischen ihnen? Antworten auf diese und weitere Fragen bekommst du bei einem Besuch im Museum zur Varusschlacht im Osnabrücker Land. Vieles deutet darauf hin, dass in Kalkriese im Jahr 9 nach Christus der dramatische Kampf stattgefunden hat, bei dem mehrere tausend Menschen ihr Leben verloren.
Während du durch das Museum gehst, kannst du einer Audioführung für Kinder lauschen. Du hast auch die Möglichkeit, auf einer »lebendigen Oberfläche« archäologische Funde aufzudecken. Schautafeln und Modelle in der Ausstellung erklären dir die Schlacht und machen sie begreifbarer.
Jeden ersten Sonntag im Monat ist Familientag. Nach einer Führung durch die Ausstellung gibt es verschiedene Mitmachprogramme: Es wird gebastelt, gemalt oder vorgelesen.
Auch in dem 24 Hektar großen Museumspark gibt es einiges zu erkunden: Du kannst dir zum Beispiel Teile des ausgegrabenen Schutzwalls anschauen oder bei dem Geländespiel »Der Spurensucher« mitmachen. Dabei findest du Schritt für Schritt heraus, wie es den Germanen gelang, die Römer zu schlagen, und erfährst mehr über die archäologischen Entdeckungen.

VARUSSCHLACHT
im Osnabrücker Land GmbH
Museum und Park Kalkriese
Venner Straße 69
49565 Bramsche-Kalkriese

Was geschah im frühen Mittelalter?

Neben den Sachsen lebten an der Nordsee Friesen. Sie waren aus den heutigen Niederlanden gekommen. Ungefähr ab dem Jahr 770 n. Chr. begann Karl der Große, die Sachsen und Friesen zu unterwerfen. Karl war König der Franken, die westlich des Rheins lebten. Die sächsischen Adligen wollten gern zum Frankenreich gehören, weil ihnen Ländereien und wichtige Ämter winkten. Die sächsischen Bauern aber kämpften gegen die Franken. Das lag daran, dass sie nicht mehr ihre alten Götter wie Donar und Woden, sondern den christlichen Gott anbeten sollten. Der sächsische Herzog Widukind brachte viele Sachsen dazu, gemeinsam gegen die Franken zu kämpfen. Doch deren Heer war einfach besser. Die Sachsen unterlagen in einer Schlacht bei Verden (Aller), und Widukind ließ sich als Christ taufen. Die sächsischen Adligen kamen im Frankenreich bald zu Macht: 919 n. Chr. wurde der Sachse Heinrich I. König im Gebiet des heutigen Deutschland.

Sax und Schild

Sachsen und Saxe !

Ungefähr ab 300 n. Chr. steht in römischen Quellen das Wort »Sachsen« für die Menschen im heutigen Norddeutschland. Der Name kommt vom Sax, einem kurzen einschneidigen Schwert, das die Kämpfer benutzten.

Die Goslarer Kaiserpfalz mit dem Kaiserhaus. Im 19. Jahrhundert wurde sie umgebaut und verändert.

Was tat der Kaiser mit einer Pfalz?

Im Mittelalter hatten die Könige und Kaiser keinen festen Palast, sondern zogen mit ihrem Gefolge ständig umher. So konnten sie in einer Zeit ohne Internet und Telefon überall nach dem Rechten sehen. Die Höfe, auf denen sie Station machten, nennt man Pfalzen. In Goslar am Harz ließ der sächsische Kaiser Heinrich II. ab 1005 eine große Pfalz bauen, vermutlich weil es hier so viel wertvolles Silbererz gab. Versammlungen mit den Grafen und Rittern wurden im riesigen Kaiserhaus abgehalten, in dem zwei fast 50 Meter lange Säle lagen. Die Kaiserfamilie wohnte direkt daneben in einem Wohngebäude. Für Gottesdienste gab es mehrere Kirchen und Kapellen.

Wer waren die Welfen?

Ein riesiger Löwe steht vor der Braunschweiger Burg, fast zwei Meter hoch und beinahe drei Meter lang. Da merkte wirklich jeder Besucher, egal ob Adliger oder einfacher Bauer: Der Herzog, der hier lebt, hat große Macht! Genau so hatte es wohl Heinrich der Löwe (1130–1195) auch geplant. Er kam aus der Familie der Welfen, die ab 1100 n. Chr. in Sachsen mächtig wurde. Der Löwe auf dem Burgplatz in Braunschweig – er steht auch heute noch dort – ist natürlich nicht echt, sondern eine Statue aus Bronze. Dennoch sieht er herrschaftlich und beeindruckend aus! Die Welfen herrschten viele Jahrhunderte lang über Teile des heutigen Niedersachsen: erst über die Herzogtümer Braunschweig, Lüneburg und einige andere kleine Ländereien, ab 1814 über das Königreich Hannover.

Siehst du die Ohren des Braunschweiger Löwen? Weil der Künstler keine echten Löwen kannte, hat er sie nicht richtig abgebildet!

Münze zum 800. Todestag von Heinrich dem Löwen

Die Welfen besaßen viele wertvolle Kunstwerke. Sie befinden sich heute in Braunschweig und Berlin.

Prunkbauten aus Backstein

Etwa von 1200 bis 1500 n. Chr. wurden in Norddeutschland unzählige Kirchen, Rathäuser und andere Gebäude aus Backstein gebaut und reich verziert. Diesen typischen Baustil nennt man Backsteingotik.

Welfenspeise für Kinder

Dieses Rezept für den traditionellen Pudding trägt die Farben der Welfen: gelb und weiß. Für Erwachsene wird er mit Wein gemacht, mit Saft schmeckt er auch prima.

Hier helfen dir deine Eltern!

WELFENSPEISE
(für ca. 6 Personen)

DU BRAUCHST:
6 Eier, 50 g Stärke, 170 g Zucker, 0,5 l Milch, 100 g gehackte Mandeln, 1 Zitrone, 0,25 l Orangensaft

SO GEHT'S:
Trenne die Eier und schlage drei Eiweiß steif (die anderen drei Eiweiß brauchst du nicht mehr, du kannst sie für Rührei verwenden). Verrühre 40 g Stärke und 40 g Zucker mit etwas Milch. Erhitze den Rest der Milch. Wenn sie kocht, rührst du die Stärkemischung ein. Hebe die Mandeln und den Eischnee unter. Fülle den Pudding in eine Glasschüssel und lasse ihn abkühlen. Presse die Zitrone aus. Gib die sechs Eigelbe, den Rest von Zucker und Stärke sowie den Orangen- und Zitronensaft in einen Topf. Schlage alles sehr gut mit dem Schneebesen. Lasse die Mischung aufkochen. Dabei musst du die ganze Zeit rühren, denn sie brennt leicht an! Gieße die Creme über den Pudding. Und nun: abkühlen lassen und genießen!

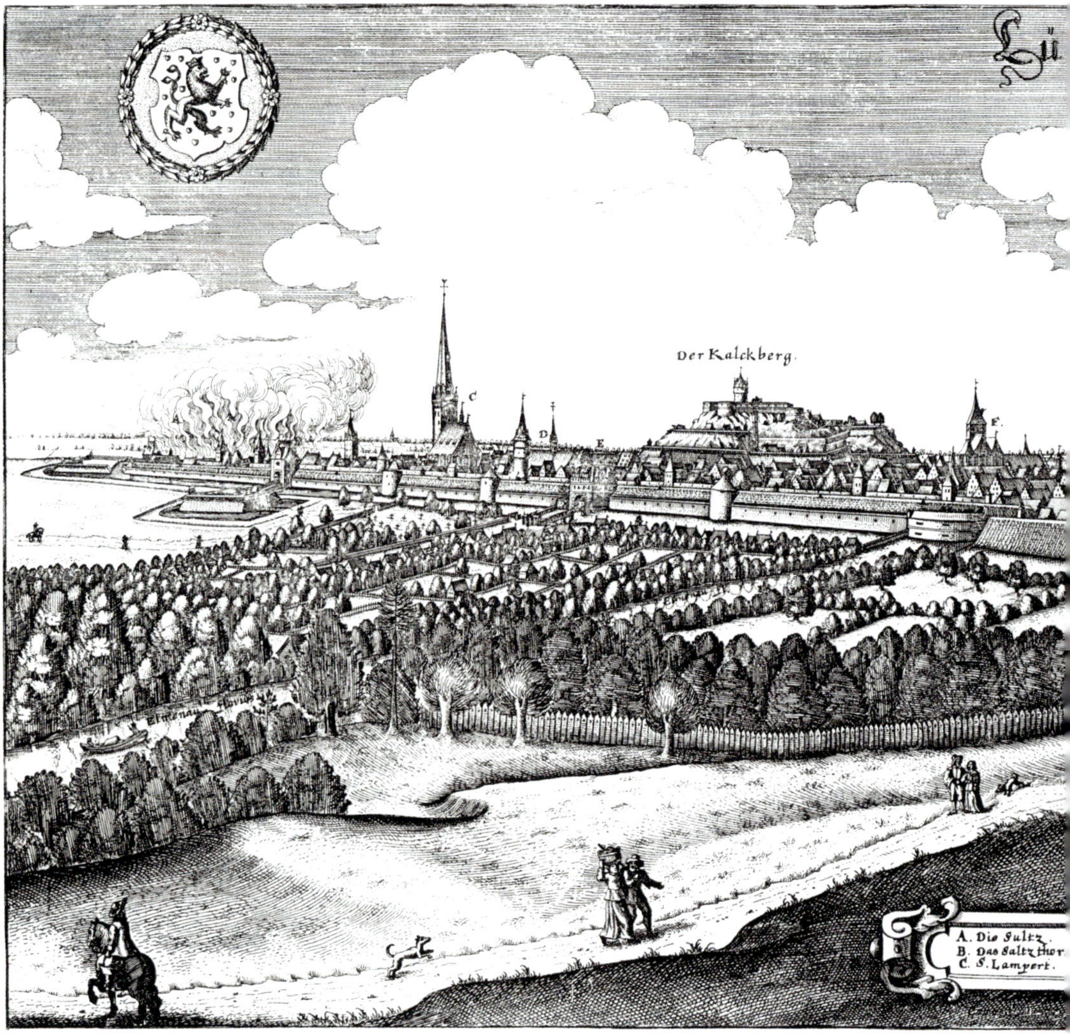

Wie sah eine Stadt im Mittelalter aus?

Im frühen Mittelalter lebten die meisten Menschen in Dörfern oder auf Höfen. An Flüssen, einer Pfalz oder an einem Handelsplatz entstanden die ersten Städte. Auf dem Markt einer Stadt konnte man alles kaufen, was man zum Leben brauchte: Essen, Stoffe für Kleidung, Werkzeug. Lüneburg zum Beispiel wurde ungefähr 1190 zur Stadt. Doch bereits 200 Jahre vorher wurde hier Salz erzeugt. Das »weiße Gold« wurde über die Alte Salzstraße nach Lübeck gebracht und von dort mit Schiffen im ganzen Ostseeraum verteilt. So wurden die Lüneburger Händler reich. In den Straßen von Lüneburg reihten sich die Fachwerk-

DAS MITTELALTER HAUTNAH ERLEBEN

In vielen Orten gibt es Kirchen aus dem Mittelalter, in manchen auch Schlösser, Burgen, Rathäuser oder alte Fachwerkhäuser. Besonders spannend und schön sind diese alten Gebäude:

Bad Bentheim: Burg

Braunschweig: Burg Dankwarderode, Dom

Goslar: Kaiserpfalz

Hannover: Marktkirche, Altes Rathaus

Hildesheim: Mariendom, Kirche St. Michael

Königslutter am Elm: Kaiserdom

Lüneburg: Rathaus

Möllenbeck: Kloster

Osnabrück: Dom St. Peter, Ledenhof, Rathaus

Rote Rosen!

Die Altstadt von Lüneburg ist so schön, dass sie sogar im Fernsehen zu bewundern ist. Hier wird nämlich seit über zehn Jahren die ARD-Serie »Rote Rosen« gedreht. Schon mehr als 2.500 Folgen entstanden in der Stadt!

häuser dicht an dicht. Die meisten hatten mehrere Stockwerke. Im Erdgeschoss waren oft der Laden und die Werkstatt eines Handwerkers oder Büro und Verkaufsräume eines Händlers untergebracht. Im ersten Stock lagen Küche und Wohnräume der Familie, im zweiten Stock die Schlafräume. Lehrlinge und Küchenmägde schliefen direkt an ihrem Arbeitsplatz.

Diese Hansekogge aus dem Jahr 1380 wurde im Hafen von Bremen gefunden.

Hansekogge mit Lübecker Flaggen

Was taten die Kaufleute der Hanse?

Ein schweres Handelsschiff mit einer Ladung Salz aus Lüneburg segelt über die Ostsee. In der Ferne entdeckt es eine Kogge, die in Seenot geraten ist. Die deutschen Händler wollen helfen. Zu spät merken sie, dass es sich bei den Hilfesuchenden um Piraten handelt … Um vor solchen Gefahren auf See geschützt zu sein, taten sich ungefähr ab der Mitte des 12. Jahrhunderts viele Handelsstädte an der Nord- und Ostsee zu einer Vereinigung zusammen, der sogenannten Hanse. Ihre Mitglieder richteten gemeinsame Überfahrten aus. In anderen Ländern hatten sie Büros, Kontore genannt. So waren sie untereinander gut vernetzt und schützten sich gegenseitig. Die Kaufleute der Hanse handelten mit Waren aus allen Ländern an Nord- und Ostsee: Salz aus Lüneburg, Fisch und Holz aus Skandinavien, Wachs und Fell aus Russland, Wolle aus England, Tuch aus Flandern, Bier und Getreide aus Preußen.

Welche Städte gehörten zur Hanse?

In Deutschland war Lübeck im heutigen Bundesland Schleswig-Holstein die wichtigste Hansestadt. Doch auch in Niedersachsen gab es unzählige Städte, die bei dem Handelsbund mitmachten: Stade, Buxtehude, Lüneburg, Uelzen, Osnabrück, Hannover, Braunschweig, Hildesheim, Goslar, Einbeck, Hameln und viele andere.
Ungefähr ab dem Jahr 1500 n. Chr. verdienten die Hansekaufleute mit ihren Gütern nicht mehr so viel Geld wie zuvor, denn die alten Handelswege über Nord- und Ostsee wurden weniger genutzt. Stattdessen wurden viele Geschäfte über den Atlantik hinweg oder auf dem Landweg abgewickelt. So kam es, dass immer mehr Städte die Hanse verließen. 1669 trafen sich die Städte zum letzten Hansetag, darunter Braunschweig, Hildesheim und Osnabrück.
Viele Orte nennen sich heute noch oder wieder Hansestadt. So halten sie die spannende Vergangenheit lebendig.

In Uelzen erinnert das Goldene Schiff an die Hansezeit. Es war ein Geschenk englischer Kaufleute.

Die Hanse schnackt Platt!

Die Kaufleute der Hanse sprachen wie alle Norddeutschen Plattdeutsch. Platt war in dieser Zeit überall an Nord- und Ostsee, wo Hanseschiffe anlegten, die Sprache der Händler und Seefahrer – so ähnlich wie heute das Englische.

Wann gab es viele »kleine Niedersachsens«?

Wollte ein Hansekaufmann früher eine Schiffsladung von Hamburg nach Lingen im Emsland bringen, musste er mehrere Grenzen überqueren. Hamburg, Hannover, Münster und Lingen waren verschiedene Länder. An jeder Grenze wurden Zölle fällig.
Wie umständlich!
Doch damals war das normal. Was heute Niedersachsen ist, bestand aus vielen kleinen Ländereien: Herzogtümern, Grafschaften, freien Städten und Bistümern. Manchmal gehörten sogar mehrere Länder demselben Herrscher, obwohl sie weit voneinander entfernt lagen. Wer das Land verlassen wollte – und sei es nur für eine Reise von 30 Kilometern –, musste oft erst die Erlaubnis des Landesherrn einholen und an der Grenze teuren Zoll bezahlen.
Durch Erbschaften und Heiraten verbanden sich kleine Länder zu größeren.

Um 1700 n. Chr. war das Kurfürstentum Hannover etwa so groß wie halb Niedersachsen heute. Und das Königreich Hannover, das es ab 1814 gab, sah auf der Karte dem heutigen Niedersachsen schon ziemlich ähnlich.

Hier siehst du eine Karte des Kurfürstentums Hannover von 1807.

Von Hannover nach London!

1714 wurde Georg Ludwig, Herzog von Braunschweig-Lüneburg, König von Großbritannien und Irland. Seine Familie, das Haus Hannover, regierte in Hannover bis 1866, in London sogar bis 1901.

Ganz schön eckig!

Warum ist in den Herrenhäuser Gärten alles viereckig?

Viereckige und kreisrunde Beete, gestutzte Hecken, schnurgerade Alleen und hoch sprühende Wasserspiele: Die Herrenhäuser Gärten in Hannover, angelegt von den Kurfürsten, entsprachen um 1700 genau der Mode. Diese Zeit nennt man Barock. Die Damen trugen Kleider mit ausladenden Reifröcken, riesige Hüte oder turmhohe Frisuren. Die Herren rasierten ihre Haare ab und setzten sich stattdessen teure Perücken mit langen Locken auf den Kopf. Nicht selten machte sich in den komplizierten Kleidern und Haartrachten Ungeziefer breit. Aber für die Mode taten auch die Barockmenschen schon alles!

Warum verließen viele Niedersachsen ihre Heimat?

Hans-Heinrich sitzt auf der Pritsche des Leiterwagens und winkt. Neben ihm sitzen seine Eltern und seine drei Geschwister. Das ganze Dorf ist gekommen, um sie zu verabschieden, denn die Familie ist auf dem Weg nach Amerika. Hans wird seine Großeltern und das Dorf bei Osnabrück niemals wiedersehen. Seine Tränen schluckt Hans hinunter. Er freut sich auf das neue Leben! Es kann nur besser werden, denn hier auf dem Dorf waren sie bitterarm. Doch nun steht ihnen eine lange Reise bevor: mit dem Zug nach Cuxhaven, von dort mit dem Schiff nach New York, danach eine lange Zugreise. So wie Hans ging es vor allem im 19. Jahrhundert Hunderttausenden in Niedersachsen: Die Familien waren groß, aber die Felder klein. In den neu entstandenen Fabriken konnten die Produkte günstiger hergestellt werden. Deswegen waren viele Handwerker plötzlich ohne Arbeit. In den USA aber gab es für Bauern Land im Überfluss und viele Siedler, die geschickte Handwerker brauchten. Dort sollte es Hans und seiner Familie besser gehen.

In den Hapag-Hallen in Cuxhaven warteten die Auswanderer ab 1902 auf ihre Überfahrt.

Ein neues Leben!

Die meisten Auswanderer aus dem heutigen Niedersachsen gingen in die USA. Einige wenige begannen ihr neues Leben aber auch in Südamerika, Kanada, Australien oder Südafrika. Etwa ab 1900 schifften sich Auswanderer am Amerikahafen in Cuxhaven ein. Heute erinnert eine Ausstellung in den Hapag-Hallen an sie.

Wer reiste noch nach Übersee?

Auch Missionare machten sich im 19. Jahrhundert auf den Weg nach Übersee. Das waren Männer, die den christlichen Glauben in andere Länder bringen wollten. Pastor Ludwig Harms aus Hermannsburg sammelte Spenden, um ein eigenes Schiff zu bauen, mit dem die Missionare nach Südafrika fuhren. Deswegen gibt es dort auch einen Ort namens Hermannsburg, genauso wie in Australien. Die Auswanderer in die USA nahmen ebenfalls ihre Ortsnamen aus Niedersachsen mit. Es gibt dort heute zum Beispiel Hanover, New Brunswick (Neu-Braunschweig) oder Oldenburg.

Die »Candace« – das alte Auswandererschiff

Pastor Ludwig Harms (1808–1865) unterrichtete in Hermannsburg Missionare und schickte sie mit der »Candace« in alle Welt.

Wie litten die Menschen im Zweiten Weltkrieg?

Die Zeit von 1933 bis 1945, in der in Deutschland die Nationalsozialisten an der Macht waren, brachte Leid und Gewalt über Millionen Menschen auf der ganzen Welt, auch im heutigen Niedersachsen. Die Nationalsozialisten unter der Führung von Adolf Hitler glaubten, dass die Deutschen besser seien als alle anderen. Vor allem Menschen jüdischen Glaubens wurden verfolgt, in spezielle Lager (Konzentrationslager oder KZs) gesperrt und ermordet. Diese Lager gab es auch in Niedersachsen.

Von 1939 bis 1945 tobte der Zweite Weltkrieg in Europa. Hitler begann ihn mit Angriffen auf Polen, Russland, die Niederlande, Frankreich und andere europäische Länder. Diese rächten sich, indem sie Bomben abwarfen. Hannover, Braunschweig, Osnabrück und andere Städte lagen in Schutt und Asche, Tausende Menschen kamen in brennenden und einstürzenden Häusern ums Leben.

Die zerstörte Aegidienkirche in Hannover erinnert an den Krieg.

Die Moorsoldaten!

In vielen Konzentrationslagern mussten die Gefangenen sehr hart arbeiten. Häftlinge im KZ Börgermoor dichteten ein trauriges Lied über ihre Arbeit im Moor. Es zeigt uns, wie schrecklich Gewalt ist.

Gedenkstein der Moorsoldaten

Tagebuchschreiben im Versteck

Anne Frank war Jüdin. Über zwei Jahre lang versteckten sich die Franks in Amsterdam in den Niederlanden in einem Hinterhaus vor den Nationalsozialisten. Hier schrieb Anne ihr berühmtes Tagebuch, das du heute noch lesen kannst. 1944 wurde das Versteck entdeckt und die Franks in verschiedene KZs gebracht. Anne und ihre Schwester Margot kamen nach Bergen-Belsen in die Nähe von Celle. Als Anne im März 1945 starb, war sie erst 15 Jahre alt.

__In der Nachkriegszeit__ mussten die Kinder inmitten von Trümmern spielen.

Wer wurde Teil des Bundeslandes Niedersachsen?

Am 1. November 1946 wurde das Land Niedersachsen gegründet. Als Hauptstadt wurde Hannover bestimmt. Zum Bundesland Niedersachsen schlossen sich die vorher eigenständigen Länder Hannover, Braunschweig, Oldenburg und Schaumburg-Lippe zusammen.

Nach dem Krieg kamen Millionen Flüchtlinge nach Niedersachsen, zum Beispiel aus Schlesien und Ostpreußen, also aus Gebieten, die heute zu Polen und Russland gehören. Es waren ebenfalls Deutsche, aber in Niedersachsen waren sie dennoch fremd. Wegen der vielen Flüchtlinge und da durch den Krieg sowieso viele Häuser zerstört waren, gab es zu wenig Wohnungen. Ganze Familien lebten in nur einem Zimmer. Auch Nahrung und andere Dinge waren knapp, in den Läden gab es nichts zu kaufen. Diese sogenannte Nachkriegszeit war eine schwierige Zeit.

Welche ungewöhnliche Grenze hatte Niedersachsen?

Niedersachsen berührt im Westen die Niederlande, im Süden und Norden andere deutsche Bundesländer.
Im Osten verlief bis 1990 eine besonders streng bewachte Grenze. Hier trafen Niedersachsen und die Deutsche Demokratische Republik (DDR) aufeinander. Der Grenzstreifen war streng bewacht: von Soldaten, Wachtürmen, Zäunen und Schießanlagen. Die Menschen in der DDR sollten nämlich ihr Land nicht verlassen. Wer damals aus Niedersachsen Bekannte oder Verwandte in der DDR besuchen wollte, musste an der Grenze langwierige Kontrollen auf sich nehmen.

An manchen Stellen, etwa hier im Harz, verlief die Grenze mitten durch die Dörfer.

Der grüne Grenzstreifen zwischen Niedersachsen, Thüringen und Hessen.

Das Grüne Band!

Der Grenzstreifen war fünf Kilometer breit und über 500 Kilometer lang. Kein Mensch durfte sich hier aufhalten, deshalb blieb die Natur fast ungestört. Nach der Grenzöffnung wurde dieses grüne Paradies für Pflanzen und Tiere bewahrt.

Wer sind die Niedersachsen heute?

Die Antwort auf diese Frage ist ganz einfach: alle, die hier leben! Manche von ihnen haben schon Großeltern, Urgroßeltern oder noch weiter entfernte Vorfahren hier gehabt. Manche Niedersachsen sind aus anderen Teilen Deutschlands hierher gezogen, oder ihre Eltern oder Großeltern haben das getan. Von einigen Niedersachsen sind die Vorfahren nach dem Zweiten Weltkrieg hierher geflohen. Andere Niedersachsen oder ihre Familien sind vor 30 oder 40 Jahren aus der Türkei, Italien oder Griechenland in dieses Bundesland gekommen. Und weitere Niedersachsen sind erst vor Kurzem als Flüchtlinge bei uns gestrandet. Sie alle zusammen machen heute das Land Niedersachsen aus.

Der Verein Kargah *aus Hannover kümmert sich schon seit 1980 um Niedersachsen aus den verschiedensten Ländern. An den vielen Schriften und Sprachen auf dem Schild kannst du es erkennen.*

Dank der Niedersachsen *aus der ganzen Welt können wir in Restaurants und Imbissen internationales Essen genießen.*

Warum kommen Flüchtlinge nach Niedersachsen?

Alle Kinder basteln und spielen gern – tut das doch zusammen!

Stell dir mal vor, du müsstest deine Heimat verlassen. Mit Eltern und Geschwistern und ein wenig Gepäck wochenlang unterwegs sein. Weit zu Fuß laufen, draußen schlafen. Und dann irgendwo ankommen, wo du die Sprache nicht verstehst und du keine Freunde hast. Das macht niemand aus Spaß. Wer als Flüchtling zu uns kommt, hat oft Krieg oder Gewalt erlebt, zum Beispiel in Syrien, Afghanistan oder Eritrea. Die Menschen suchen Schutz, den nennt man auch Asyl. Da ist es gut, wenn sie in Niedersachsen Wohnraum bekommen und ein wenig Geld für Kleidung und Essen. Sicher würdest du dir auch Hilfe wünschen, wenn du selbst in ein fremdes Land kämst, oder?
Die meisten Flüchtlinge wollen zu Niedersachsen dazugehören, hier zur Schule gehen und arbeiten. Das nennt man Integration. Dafür müssen sie vor allem Deutsch lernen – und dabei kann jeder helfen. Wenn auf deine Schule Flüchtlingskinder gehen, dann sprich und spiele mit ihnen wie mit jedem anderen Kind auch. Sicher hast du noch mehr gute Ideen!

Lernt euch kennen!

DU BRAUCHST:
einen gemütlichen Ort, einige Menschen aus aller Welt

SO GEHT'S:
Frage bei der Gemeinde oder Kirche an, wo sich Flüchtlinge und andere Niedersachsen treffen. Wenn es noch keinen Treffpunkt gibt, lade selbst Menschen ein! Jeder kann ein Spiel oder etwas zu essen aus seinem Land mitbringen. Ihr könnt euch auch unterhalten oder zusammen basteln.

Diese Schule hat einen plattdeutschen Namen.

Ein Ortsschild mit hochdeutschem (oben) und saterfriesischem (unten) Ortsnamen.

Gouden Dai!

Im Saterland sprechen wenige tausend Menschen Saterfriesisch. Die Kinder lernen diese Sprache in der Schule. Hier begrüßen sie sich statt mit »Guten Tag« mit »Gouden Dai«, und Niedersachsen heißt »Läichsaksen«.

Wie schnacken die Niedersachsen?

»Moin, Moin! Wo geiht di dat?« (Wie geht es dir?) Wenn man sich in Niedersachsen auf der Straße trifft, dann hält man einen Klönschnack. So heißt eine nette Unterhaltung auf Platt. Diese Sprache sprechen in ganz Niedersachsen viele Menschen, bis zu zwei Millionen nach manchen Schätzungen. Aber alle sprechen auch das normale Hochdeutsch. Plattdeutsch oder Niederdeutsch wurde früher in ganz Norddeutschland gesprochen. Es ist mit Hochdeutsch verwandt. Deswegen klingen viele Wörter auch ähnlich, zum Beispiel »Niedersachsen« (Hochdeutsch) und »Neddersassen« (Plattdeutsch).

Plattdeutsch und die andere niedersächsische Sprache, das Saterfriesische, sind ganz offizielle Minderheitensprachen. Das bedeutet, dass sie geschützt und gefördert werden, damit auch in der Zukunft noch Menschen diese Sprachen sprechen. Denn wenn kein Kind sie mehr lernt, wird es sie bald nicht mehr geben.

Da bist du platt!

Friederike Haase spricht zu Hause Plattdeutsch. Am besten verstehst du sie, wenn du das Interview laut liest. Auf Seite 121 findest du ein paar Hilfen.

Hallo, Friederike! Verstehst du mich, wenn ich Hochdeutsch spreche?

Jo! Ober ick dä ok Hochdüütsch antwurten, wenn du mi up Hochdüütsch froogst.

Wo und mit wem schnackst du denn Platt?

Mit Mama, de Omas un Opas, mit Simon, min Broder, un manchmol ok mit den annern Broder, Jonas, mit mine Cousins un min Onkels un Tanten.

Wie findet es deine beste Freundin, wenn du mit Mama eine andere Sprache sprichst?

Ümmer mol wedder verschieden. Eegnlich ganz goot. Manchmol kiekt se een beten komisch, un denn seggt Mama dat noch mol up Hochdüütsch, dat se dat ok verstoht. Denn Mama und ick künnt nich tosoomen Hochdüütsch schnacken, bloots wenn wi speelt, maakt wi dat.

Ist Platt schwer?

Nich so! Wenn man so geburden ward mit plattdüütsche Öllern, is dat nich schwor. Wenn man dat noher liern schall, is dat schon een beten schwor.

Kann man das auch in der Schule lernen?

Jo, dat gifft AGs.

Wie sagt man auf Plattdeutsch »Dankeschön« und »Tschüss«?

»Danke scheun« und »Tschüss«!

Na dann: Danke scheun und Tschüss, Friederike!

Friederike Haase spricht zu Hause fast nur Plattdeutsch.

Was essen und trinken die Niedersachsen?

Die Feldarbeit war früher ganz schön aufwendig. Zähle doch mal, wie viele Leute auf dem Bild arbeiten!

Butterfass

Weizen

Wie kamen die Menschen früher zu ihrem Essen?

Supermarkt, Kühlschrank, Fertigpizza? Davon konnten die Niedersachsen jahrhundertelang nur träumen. In etlichen Dörfern gab es zwar einen Gemischtwarenladen oder einen Bäcker, in den Städten sowieso. Doch viele Menschen mussten für ihre Nahrung ziemlich viel und hart arbeiten. Dennoch war das Essen oft knapp.
Auf den Feldern wuchsen Kartoffeln und Getreide. Ohne Trecker und andere Maschinen hieß das: harte Handarbeit mit Pferdepflug, Sense oder Dreschflegel. Viele Menschen hielten, wenn möglich, Schweine oder Kaninchen – nicht als Haustiere, sondern zum Essen. Zusätzlich bearbeitete man einen Gemüsegarten mit Kartoffeln, Mohrrüben oder Spargel und hatte den einen oder anderen Obstbaum.
Nicht nur auf den Feldern, auch im Haus und auf dem Hof wurden viele weitere Arbeiten rund ums Essen erledigt, zum Beispiel Tiere schlachten und Wurst herstellen, Früchte einkochen oder Butter stampfen.

Ausflugstipp!

Reise aufs Land

Im Museumsdorf Cloppenburg stehen mehr als 50 alte Gebäude, sie sind bis zu 500 Jahre alt!
Hier erfährst du, wie die Bauern früher Getreide lagerten, wo die Milchkühe standen, auf welchem Herdfeuer gekocht und in welcher Mühle das Korn gemahlen wurde. In spannenden Veranstaltungen kannst du selbst Butter stampfen, Teig kneten und Brot backen.
So erfährst du alles über Essen und Trinken damals!

Museumsdorf Cloppenburg
Bether Straße 6
49661 Cloppenburg
www.museumsdorf.de

Kinder backen Brot in Cloppenburg.

Was kam wo auf den Tisch?

Himmel und Erde, Bradentuffels, Labskaus – ist das etwa eine Geheimsprache? Nein, das sind die Namen von typischen Gerichten aus Niedersachsen. Vielleicht hast du manche ja schon probiert. An der Nordsee kann man Fisch fangen, im Alten Land wachsen Äpfel, und in der Heide gibt es gute Kartoffeln. Je nachdem, in welcher Region die Menschen lebten, welche Haustiere sie hielten und welche Feldfrüchte dort wuchsen, gab es die entsprechenden Gerichte.

Und diese gibt es auch heute noch! Typisch für Niedersachsen ist es, einen süßen Geschmack ins deftige Mittagessen zu mischen: Bei Birnen, Bohnen und Speck sind es die Birnen, bei Himmel und Erde Äpfel. Hast du so etwas schon mal probiert?

Hochzeitssuppe!

Kein Festessen ohne Hochzeitssuppe, doch was hineingehört, ist überall unterschiedlich. In der Heide sind es zum Beispiel Fleischklöße, Spargel und Eierstich, zwischen Elbe und Weser Reis, Rosinen und Rindfleisch.

Schmecken direkt am Wasser am besten: Krabben (auch Garnelen, Porren, Granat)

Im hübschen alten Hafen von Greetsiel machen die Krabbenkutter Pause.

Welches Essen kommt aus dem Meer?

Sie sind ziemlich klein, rosa und riechen nach Hafen. Weißt du, welches Nahrungsmittel damit gemeint ist? Es sind die Krabben. Diese kleinen Krebse heißen eigentlich Garnelen und leben im Wattenmeer. Mit ihren Kuttern fahren die Krabbenfischer seit Jahrhunderten hinaus. In manchen Häfen, etwa in Greetsiel oder Dorum, kannst du frische Krabben direkt vom Kutter kaufen. Du musst sie bloß noch puhlen, also die Schale entfernen. Oder du kaufst dir am Strandimbiss ein Krabbenbrötchen. Das ist vielleicht lecker! Auch Fische werden heute wie früher mit Netzen gefangen: etwa Seelachs, Scholle, Makrele und Hering. Besonders viele Fischkutter fahren in Cuxhaven aus. Früher haben die Menschen den Fisch selbst gegessen oder an Land verkauft. Heute landet nur ein Teil des Fangs im Fischgeschäft oder im Restaurant. Das meiste wird noch an Bord des Trawlers (so heißen große Fischkutter) oder in Fabriken zu Fischmehl oder Fischöl verarbeitet. Das braucht man als Tierfutter.

Hier helfen dir deine Eltern!

Bereite Fischstäbchen zu!

DU BRAUCHST *(für 4 Personen):*

- *3 bis 4 EL Mehl (z. B. Type 405)*
- *2 Bio-Eier (mit der Ziffer 0)*
- *5 EL Paniermehl vom Bäcker*
- *reichlich Pflanzenöl (Butterschmalz geht auch)*
- *600 bis 800 g Seelachsfilet (oder einen anderen Fisch mit MSC-Siegel)*
- *Salz*
- *Küchenpapier*

SO GEHT'S:

1. *Zum Panieren brauchst du drei Schalen. In die erste füllst du das Mehl. In die zweite kommen die Eier. Diese aufschlagen, mit einer Gabel verquirlen und mit Salz und Pfeffer würzen. Das Paniermehl gibst du in die dritte Schale.*

2. *Lege eine ofenfeste Form mit Küchenpapier aus, schiebe sie in den Backofen und heize ihn auf 80 Grad vor.*

3. *Nun geht's an den Fisch: Wasche die Filets, tupfe sie mit Küchenpapier trocken und ziehe mit einer Grätenzange (oder einer Pinzette) eventuelle Gräten heraus. Die kannst du mit den Fingerspitzen erfühlen: Überall, wo es eine kleine Verhärtung gibt, steckt eine Gräte. Dann schneidest du den Fisch in etwa daumenbreite Streifen. Würze jedes Stück mit Salz und wende es dann zuerst im Mehl, ziehe es anschließend durch das verquirlte Ei, lasse es kurz abtropfen und wende es zum Schluss im Paniermehl. Das machst du nacheinander mit jedem Stück Fisch.*

4. *Gieße nun ordentlich Öl in eine breite Pfanne, es sollte mindestens einen Zentimeter hoch sein. Vorsichtig (!) erhitzen. An heißem Öl kann man sich schwer verbrennen! Lasse auf keinen Fall Wasser hineintropfen!*

5. *Um die Temperatur des Öls zu testen, lege einen kleinen Brotwürfel hinein: Wenn sich daran Blasen bilden, ist es heiß genug. Wenn das Öl zu rauchen anfängt, ist es zu heiß geworden. Wenn es allerdings zu kalt ist, dann saugt sich die Panade voller Fett. Das ist nicht lecker. Mache erst mal einen Test mit einem kleinen Stück Fisch.*

6. *Lege die Fischstäbchen mit etwas Abstand nebeneinander ins Fett. Nach ungefähr zwei Minuten alle einmal wenden und noch mal ein bis zwei Minuten von der anderen Seite braten.*

7. *Die fertigen Stäbchen kommen zuerst kurz auf ein Stück Küchenpapier, damit das überschüssige Öl abtropfen kann. Und dann ab mit ihnen in die Form im Ofen. Dort bleiben sie warm, bis alle Stäbchen fertig sind.*

Für ZEIT LEO denkt sich die berühmte Köchin Sarah Wiener Rezepte aus, die jeder nachmachen kann. Unter dem Motto »Ich kann kochen!« hat sie eine Ernährungsbildungsinitiative ins Leben gerufen, bei der Lehrer und Erzieher kostenfrei fortgebildet werden. www.ichkannkochen.de

Rekordverdächtig viele Schweine ...

... Hühner ...

... Kartoffeln und Erdbeeren!

Liegt hier die Milchstraße?

Woher kommt eigentlich unser Essen? Von Feldern, aus Ställen und von Weiden natürlich! Sie sind in Niedersachsen viel häufiger als Häuser, Straßen oder Städte.

Im platten Land der Marsch siehst du meist grüne Weiden mit schwarz-weißen Milchkühen. Auf der »Niedersächsischen Milchstraße« rund um Stade kannst du dich auf vielen Höfen über die Milch-

Grasende Kühe am Emsufer im Naturschutzgebiet Meppener Kuhweide

IM OBSTKORB

In der Elbmarsch um Stade liegt das Alte Land. Im Frühling wird es ganz weiß von den unzähligen Blüten der Apfel- und Kirschbäume. Die großen, kunstvoll verzierten Häuser zeigen, wie reich die Bauern mit dem Obstanbau wurden.

produktion informieren. Zahlreiche Rinder leben auch im Oldenburger Münsterland zwischen Oldenburg und Osnabrück, außerdem werden hier Schweine und Geflügel gehalten.
Rund um Hildesheim und Uelzen wachsen Zuckerrüben für allerlei süße Leckereien. Niedersächsische Landwirte pflanzen und ernten auch Kartoffeln, Getreide, Raps, Mais, Spargel, Erdbeeren und viele andere Feldfrüchte.
Die Landwirtschaft ist in Niedersachsen rekordverdächtig: Rund die Hälfte aller deutschen Hühner lebt in Niedersachsen! Etwa die Hälfte der deutschen Kartoffeln wird hier geerntet. Bei Erdbeeren steht Niedersachsen deutschlandweit an der Spitze, und Schweine gibt es weit über acht Millionen.

Hier helfen dir deine Eltern!

Mitmachtipp!

Mache dir ein Erdbeereis!

Eis aus niedersächsischen Erdbeeren schmeckt immer köstlich! Du kannst auch Kirschen, Blaubeeren oder ein anderes Lieblingsobst nehmen.

DU BRAUCHST:
250 g Erdbeeren,
100 g Schlagsahne,
50 g Puderzucker,
150 g Naturjoghurt

SO GEHT'S:
Wasche die Erdbeeren, schneide die Stiele ab und püriere sie in der Küchenmaschine oder mit dem Pürierstab. Schlage die Sahne steif. Verrühre in einer großen Schüssel Puderzucker, Joghurt und pürierte Erdbeeren. Hebe die Sahne unter. Gib alles in eine flache Schale und stelle es für etwa eine Stunde ins Gefrierfach. Du musst alle zehn Minuten umrühren, damit das Eis schön cremig wird.

Der intensive Duft und Geschmack von Harzer Roller ist nicht jedermanns Sache.

Dieser Harzer Roller war früher Haustier und »Wachhund« der Bergleute im Harz.

Wie schmeckt Harzer Roller?

Der Harzer Roller ist ein gelblicher Kuhmilchkäse aus der Gegend am Harz, zum Beispiel aus Bad Harzburg. Er wurde schon vor 300 Jahren aus einem speziellen Quark hergestellt. Der würzige Käse wird meist in einer Rolle von mehreren dicken Käsescheiben verkauft, daher auch sein Name. Am besten isst du ihn frisch, denn je länger er lagert, umso stinkiger wird er.

Ob du es glaubst oder nicht, aber der Harzer Roller ist nicht nur ein Käse, sondern auch ein Vogel, ein Kanarienvogel. Österreichische Bergleute brachten die gelben Kanarienvögel um 1730 als Haustiere in den Harz. Dort wurden sie stets mit ins Bergwerk genommen, weil sie giftige Gase wie Kohlenmonoxid deutlich früher bemerken als die Menschen und bei schlechter Luft den Gesang einstellen. Das bedeutete im Bergwerk Gefahr in Verzug. Der Gesang der Vögel enthält viele rollende »Rs«. So kamen sie zu ihrem lustigen Namen.

Das Salz in der Suppe!

Salz ist nicht nur lecker, sondern überlebenswichtig. Täglich brauchst du ein bis drei Gramm, damit Wasserhaushalt, Verdauung und Nervensystem einwandfrei funktionieren. Bei Salzgitter und Bad Salzdetfurth merkst du es am Namen: Hier wurde früher Salz gewonnen.

Schnupper dich durch die Welt der Blumen, Kräuter und Gewürze!

Ein Ausflug für alle Sinne

Wie duftet Ysop? Welche Heilkraft hat Johanniskraut? Wie sieht die Indianernessel aus? Diese Fragen – und noch viele mehr – beantwortet der Kräuterpark in Altenau. Draußen im Park kannst du Lavendel, Minze, Salbei und viele andere Kräuter aus aller Welt sehen, berühren, riechen und schmecken. Die Gewürzgalerie enthält unzählige duftende Gewürze und Heilkräuter. Gewürze werden geröstet und gemischt. Die machen unser Essen doch erst richtig lecker, oder? Ein duftender, schmackhafter Ausflug!

Kräuterpark Altenau
Schultal 11
38707 Altenau
www.kraeuterpark-altenau.de

Die Bauersfrau *hat zwei riesige Pumpernickelbrote gebacken.*

Blau- und Brombeeren, Himbeeren und Erdbeeren *schmecken frisch …*

*… **oder** als Rote Grütze prima.*

Welche Süßspeisen lieben die Niedersachsen?

Nach dem Essen darf ein süßer Nachtisch nicht fehlen. Aus den heimischen Heidelbeeren (Blaubeeren, Bickbeeren), Preiselbeeren (Kronsbeeren), Himbeeren und Erdbeeren kocht man Rote Grütze. Das ist ein Pudding, zu dem Sahne oder Vanillesoße am besten schmeckt. Wer Kekse mag, sollte Heidesand oder Nienburger Bärentatzen probieren. Die werden nach einem Geheimrezept gebacken. Hildesheimer Pumpernickel mit Mandeln sind süß, zimtig und knusprig.

Zur Weihnachtszeit nascht man in Niedersachsen Braunschweiger Honigkuchen oder Eichsfelder Stollen. Und zu Neujahr backen die Ostfriesen knusprige Waffeln mit Anis, die Neujahrskuchen. Die Knüppeltorte mit Mandeln wird in der Pfanne gebacken und ist zu Anfang knüppelhart, daher der Name. Nach einigen Tagen wird der Kuchen weicher. Buchweizentorte aus der Heide wird aus dem Mehl des Buchweizens gebacken, dazu werden Sahne und Preiselbeeren gereicht.

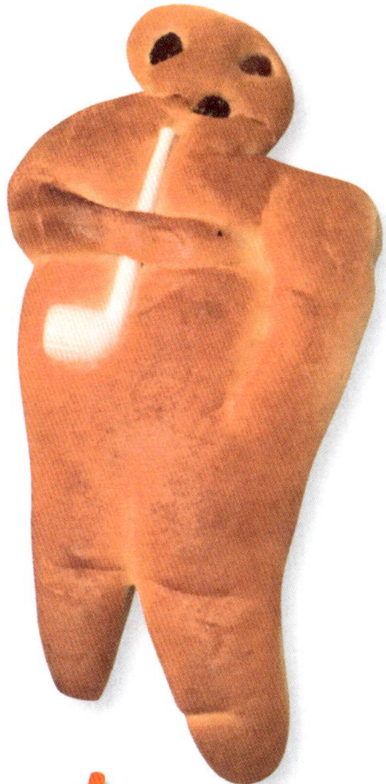

Zu Nikolaus *bekommen viele Kinder ein Männchen aus Hefeteig, den Stutenkerl.*

Omis Butterkuchen

Iss ihn am besten ganz frisch aus dem Ofen. Hmm!

DU BRAUCHST:
200 ml Milch, 1 Würfel Hefe, 500 g Mehl, 160 g Zucker, Salz, 160 g Butter

SO GEHT'S:
Erwärme die Milch in einem Topf oder in der Mikrowelle. Sie soll nur lauwarm sein! Zerbrösele die Hefe und löse sie durch Rühren in der Milch auf. Gib das Mehl in eine Schüssel und drücke eine Kuhle in die Mitte. Gieße die warme Hefemilch hinein. Füge 100 g Zucker und eine Prise Salz hinzu und 100 g Butter in Flöckchen außen herum. Verknete alles, bis der Teig nicht mehr klebt.

Nur Geduld! Nun lege ein Geschirrtuch über die Schüssel und ein Kissen obendrauf. Der Teig sollte etwa eine Stunde an einem warmen Plätzchen gehen. Rolle den Teig auf Backpapier aus und drücke mit dem Stiel eines Holzlöffels kleine Mulden hinein. Ziehe das Backpapier auf ein Backblech.

Hier helfen dir deine Eltern!

Nun verteilst du den Rest Butter in Flöckchen auf dem Teig und streust den Rest Zucker darüber. Lasse den Kuchen noch mal 15 Minuten gehen und backe ihn dann für 15 bis 20 Minuten bei 180 °C Umluft, bis er schön goldbraun ist.

Zum Ostfriesentee *gehört auch Geschirr mit der Ostfriesischen Rose darauf.*

Weltmeister im Teetrinken!

Nirgends auf der Welt wird so viel Tee getrunken wie in Ostfriesland. 300 Liter schlürft hier jeder pro Jahr, das sind rund drei Tassen täglich. Die restlichen Niedersachsen trinken noch nicht mal eine Tasse am Tag.

Wo trinkt man Tee zum Kaffee?

Treckpott, Koppke, Kluntjes, Rohm und Wulkjes – sind das Dörfer, bedeutsame Niedersachsen oder vielleicht Schiffe aus der Hansezeit? Nicht ganz. Die Begriffe gehören zu einem Brauch aus Ostfriesland. Er wird traditionell nachmittags zur Kaffeezeit abgehalten, aber auch vormittags und sogar am Abend: die Teezeremonie. Dafür braucht man kräftigen Schwarztee, den Ostfriesentee. Er wird in der Kanne (Treckpott) aufgebrüht. In die Tasse (Koppke) legt man ein Stück Kandis (Kluntje), bevor der Tee hineingegossen wird. Das knistert! Nun gibt man vorsichtig einen Löffel Sahne (Rohm) dazu. Wie Miniwolken (Wulkjes) verteilt sie sich im heißen Gebräu. Der Kenner trinkt nun ohne umzurühren, damit sich die Geschmäcker nicht vermischen. Drei Tassen müssen es mindestens sein, sonst ist ein echter ostfriesischer Gastgeber beleidigt.

Celia Hübl

Von Moorwasser und Schmuggelkleidern

Celia Hübl leitet das Bünting Teemuseum in Leer und weiß alles über das Lieblingsgetränk der Ostfriesen.

Frau Hübl, warum trinken die Ostfriesen so viel Tee?

Fast ganz Ostfriesland war früher von Moor bedeckt. Moorwasser ist bräunlich und schmeckt sauer, das kann man nicht trinken. Also gab es immer Bier, das fing schon beim Frühstück mit Biersuppe an. Auch die Kinder bekamen dieses Getränk. Das Bier war zwar leicht, aber natürlich nicht richtig gesund. Da traf es sich gut, dass 1753 das erste Schiff mit Tee aus China in Emden anlegte. Etwa 50 Jahre später hatten die Ostfriesen die Liebe zum Tee entdeckt. Der war natürlich auch für alle Kinder wesentlich besser verträglich!

Da Tee aus China kam, war er nicht sehr teuer?

Es ging. Teuer war vor allem die Teesteuer, die der König von Preußen erhob. Ostfriesische Hausfrauen gingen daher nach Holland, wo die Steuer niedriger war. Sie kauften günstigen Tee und schmuggelten ihn unter dem Kleid über die Grenze.

Unter dem Kleid?

Richtig. Die Schmuggelkleider waren weit geschnitten, manche hatten sogar Innentaschen. Im Teemuseum könnt ihr eines angucken. Außerdem haben wir ein Spielschiff, einen Kaufladen und eine gute Stube, um Teekochen zu spielen.

TEE AUS CHINA

Seefahrer brachten um 1600 n. Chr. Tee aus China nach Europa. Zunächst trank man ihn als Medizin. Etwa ab dem Jahr 1800 liebten vor allem die Ostfriesen dieses Getränk. König Friedrich II. versuchte, das »chinesische Drachengift« zu verbieten – ohne Erfolg.

Wie war die Schule früher?

Das Gebäude des Carolinum ist neu, *die Schule selbst alt.*

Schule im Mittelalter!

Das Gymnasium Carolinum ist uralt. Karl der Große gründete die Schule am Osnabrücker Dom schon 804. Dort wurde allerdings nur Latein und Griechisch gelehrt und auch nur jenen jungen Männern, die Priester werden wollten.

Ist der Lehrer streng oder freundlich? *In einer Dorfschule um 1900 hing davon viel ab.*

Wer durfte in der Schule sprechen?

Mucksmäuschenstill sein, gerade sitzen, für das Antworten aufstehen und beim kleinsten Fehler in der Ecke stehen – so sah es früher nicht im Gefängnis, sondern in der Schule aus. Die Schule vor 100 Jahren hieß Volksschule, sie ging bis zur 8. Klasse. Auf dem Dorf waren die Schulen oft klein, und es gab nur einen Lehrer. Alle Kinder saßen zusammen in einer Klasse, egal, wie alt die Schüler waren. Als Schulfächer gab es Lesen, Schreiben, Rechnen und Religion. Doch viel wichtiger war, dass die Kinder fleißig, ordentlich und gehorsam waren. Versuche das mal nachzumachen: Mit dem Rücken ganz gerade sitzen, beide Hände flach auf den Tisch legen, die Füße nebeneinander auf den Boden stellen. Zum Melden stützt du den rechten Oberarm in die linke Hand. Und wenn dein Lehrer dich aufruft, stellst du dich kerzengerade neben die Bank. Sonst sagst du natürlich keinen Piep, sondern übst Schönschreiben oder was der Lehrer sonst von dir verlangt. Hättest du dazu Lust gehabt?

Die Hermann-Lietz-Schule auf Spiekeroog – ein Internat ganz nah am Meer!

Was lernt man in der Inselschule?

Deichbau, Segeln, Aquarium- und Bootsbau: Hättest du gedacht, dass man das alles in der Schule lernen kann? Das kann man – wenn man auf eine Inselschule geht! Die Schulen auf den Ostfriesischen Inseln sind ein bisschen anders, als du sie kennst. In der Spiekerooger Inselschule gibt es nur etwa 50 Schüler in sechs Klassen. Jetzt kannst du selbst ausrechnen, wie klein diese Klassen sind! Die 1. und 2. Klassen haben zusammen Unterricht, genau wie die 3. und 4. Klassen. Für die älteren Schüler gibt es auf Spiekeroog ein Internat. Dort können Jugendliche aus ganz Deutschland die Klassen 5 bis 13 besuchen.

Natürlich lernt man in den Inselschulen auch Lesen und Schreiben, Sachkunde und Musik. Doch zusätzlich gibt es eben Unterrichtsfächer, von denen Festländler noch nie gehört haben.

Schule auf See!

Jedes Jahr gehen einige Schüler aus Spiekeroog mit einem Segelschiff auf Weltreise. Monatelang leben sie an Bord, sie segeln, navigieren – doch lernen müssen sie auch: Es gibt Unterricht direkt im schwimmenden Klassenzimmer!

Wo lernen die Nachwuchssportler?

Junge Talente im Basketball, Turnen und anderen Sportarten müssen täglich trainieren. Da ist es praktisch, wenn sie das direkt in der Schule tun können. Deshalb gibt es das LOTTO Sportinternat in Hannover. Das ist eine Schule extra für begabte junge Sportler von zwölf bis 20 Jahren. Sie trainieren hier Schwimmen, Leichtathletik, Judo, Tischtennis, Wasserball, Tennis, Turnen, Handball und Rudern. Auch Nachwuchstalente im Behindertensport leben hier. Für Mathe, Englisch, Deutsch und alle anderen normalen Schulfächer besuchen die Sportschüler eine nahe gelegene Schule. Doch am Nachmittag steht alles im Zeichen des Sports. Dann trainieren die jungen Athleten in den Turnhallen, Schwimmbecken und auf den Sportplätzen ihrer Schule. Auch Wettbewerbe stehen auf dem Programm. Die Trainer erwarten starke Leistungen!

Aber keine Sorge, es dreht sich nicht das ganze Leben nur um Schule und Sport: Die Internatsschüler gehen auch zusammen ins Kino, besuchen AGs, Koch- und Tanzkurse.

Einige der erfolgreichen Rollstuhlbasketballer aus Hannover leben im Sportinternat.

Wer war besonders forsch?

Didrik Pining aus Hildesheim unternahm im Auftrag des dänischen Königs um 1475 eine Seereise nach Grönland. Dabei erreichte er noch vor Kolumbus Nordamerika – zumindest glauben das manche Forscher, ganz sicher ist es nicht.

Carl Friedrich Gauß war Mathematiker, Landvermesser und Erfinder.

Doch es gab noch mehr berühmte Forscher aus Niedersachsen. Carl Friedrich Gauß (1777–1855) kam aus der Universitätsstadt Göttingen und beschäftigte sich mit Mathematik, Astronomie und Physik. Von 1820 bis 1826 vermaß er im Auftrag des Königs dessen gesamtes Reich. Dank Gauß' Arbeit konnten neue, sehr genaue Landkarten erstellt werden. Außerdem erfand er den Telegrafen, womit die erste Nachrichtenübertragung über längere Strecken möglich wurde. Robert Koch (1843–1910) kam aus Clausthal und studierte in Göttingen Medizin. Berühmt wurde er allerdings in Berlin, wo er Bakterien erforschte. Er konnte als Erster die Erreger schlimmer Krankheiten wie Tuberkulose und Cholera im Labor nachweisen und bekam dafür 1905 den Nobelpreis für Medizin.

Dank Robert Koch wurden viele schlimme Krankheiten besiegt.

Gottfried Wilhelm Leibniz beschäftigte sich mit allen möglichen Fachgebieten.

Denker und Forscher

Gottfried Wilhelm Leibniz (1646–1716) kam mit 30 Jahren an den Hof des Herzogs Johann Friedrich nach Hannover. Er war einer der bekanntesten Denker und Forscher seiner Zeit.

Herr Leibniz, Sie sind ein Universalgelehrter. Was bedeutet das?

Nichts weniger, als dass ich über alles nachdenke und forsche. Manchmal habe ich schon morgens beim Erwachen so viele Einfälle, dass der Tag nicht lang genug ist, um sie aufzuschreiben.

Was für Einfälle denn?

Ich habe Pläne für ein Unterseeboot gemacht, ein Windmessgerät entwickelt, Medizin, Bergbau und Sprachforschung verbessert, und mir endlos Gedanken über den Menschen, die Schöpfung der Welt und die Zahlen gemacht.

Wow, das ist viel! Nützt uns das heute noch etwas?

Zweifellos. Ohne meine Arbeiten über Zahlen, Rechenwege und die Rechenmaschine wären eure Comptuer ... Competeure ... Wie war das doch gleich?

Computer.

Richtig! Die wären ohne mich kaum denkbar.

Wie finden Sie es, dass ein Keks nach Ihnen heißt?

Ist dem so? Lassen Sie mich das genauer untersuchen. Ah, ein Butterkeks ... »Nur echt mit 52 Zähnen« ... Sehr passend, denn Zahlen sind eins meiner liebsten Forschungsobjekte! Knusper ... schmatz ... Diese Leibnizkekse munden hervorragend! Kann ich noch mehr davon bekommen?

Der leckere Butterkeks verdankt dem Forscher Leibniz seinen Namen.

Wer hat's erfunden?

Waren das alles Niedersachsen? Na ja, zumindest einige. Robert Wilhelm Bunsen (1811–1899) aus Göttingen kennst du vielleicht aus der Schule, denn ohne seinen Bunsenbrenner kann man nur schwer Experimente machen. Er erfand außerdem die beste Batterie der damaligen Zeit, das Bunsenelement. Werner von Siemens (1816–1892) aus Gehrden erfand eine Isolierung für Drähte, die wir heute noch für Stromkabel brauchen, und baute den weltweit ersten Bus mit elektrischer Oberleitung. Sein Unternehmen verlegte die ersten langen Telegrafenleitungen und ist heute weltbekannt. Emil Berliner (1851–1929) aus Hannover erfand mit dem Kohlemikrofon ein wichtiges Bauteil für das Telefon, außerdem die Schallplatte und das dazu passende Grammophon, ein Abspielgerät für Schallplatten. Fährst du gern Karussell und Achterbahn? Dass das so einen Spaß macht, verdanken wir Hugo Haase (1857–1933) aus Winsen. Er baute die größten Karussells der damaligen Zeit und gründete einen eigenen Freizeitpark.

Hugo Haases Karussell »El Dorado« steht heute in Japan.

Studieren geht über Probieren!

In Niedersachsen kann man an neun Universitäten studieren: in Braunschweig, Clausthal, Hannover, Hildesheim, Lüneburg, Oldenburg, Osnabrück, Vechta und Göttingen. Die älteste Hochschule ist die in Göttingen, sie wurde 1734 gegründet.

Mit einem Funkwecker kannst du die Zeit der Braunschweiger Atomuhren zu Hause empfangen.

Wer misst ganz genau?

Wenn die Niedersachsen im Mittelalter wissen wollten, wie spät es ist, richteten sie sich nach dem Stand der Sonne. Da kam es nicht darauf an, ob es ganz genau Mittag war oder etwas früher oder später. Wenn du heute deine Armbanduhr auf zwölf Uhr stellst, ist es meist auch nicht so wichtig, ob es gerade zehn Sekunden früher oder später ist. Manchmal aber möchte man die Zeit ganz genau wissen. So eine supergenaue Zeitmessung schaffen nur Atomuhren. In ihrem Inneren strahlen Atome in regelmäßigen Abständen Energie ab. Das machen sie so exakt, dass sie in 20 Millionen Jahren nur eine Sekunde vor- oder nachgehen. Vier Atomuhren in Braunschweig geben die gesetzliche Zeit für ganz Deutschland vor.
Die Atomuhren gehören zur Physikalisch-Technischen Bundesanstalt. Hier messen die Forscher nicht nur die Zeit, sondern auch alle anderen Einheiten ganz exakt: zum Beispiel Länge (in Meter), Temperatur, Gewicht und Stromstärke. Diese Niedersachsen wollen es ganz genau wissen!

Bergwerk Rammelsberg

Wer fand Silber im Harz?

Ein Pferd! Zumindest erzählt das die Sage von Ritter Ramm. Der Ritter soll für Kaiser Otto den Großen (912–973) im Harz auf der Jagd gewesen sein.

Erdöl und Erdgas!

Bist du unterwegs schon mal über eine Art nickenden Pferdekopf aus Metall gestolpert? Hier wird Erdöl gefördert. Unter Niedersachsen verstecken sich mehr Erdöl und Erdgas als unter allen anderen Bundesländern.

Während er das Wild zu Fuß verfolgte, band er sein Pferd fest. Als dieses ganz nervös mit den Hufen scharrte, legte es eine Silberader frei. Ritter Ramm übergab dem Kaiser das Silber, und der Berg mit dem Bodenschatz wurde nach ihm »Rammelsberg« genannt. Heute kannst du das Silberbergwerk Rammelsberg besichtigen. Außerdem wurden im Harz und in seiner Nähe Eisenerz, Kupfer, Blei und Zink abgebaut. Wie in vielen Gebirgen kann man im Harz außerdem Mineralien finden, funkelnde Steine mit Namen wie Amethyst, Manganit oder Malachit. Sie sind zwar nicht übermäßig wertvoll, aber schön.

Welches Wunder passierte 1963?

Klopf, klopf, klopf … Was ist denn das? Zehn Tage vorher war die Eisenerzgrube in Lengede überflutet worden, viele Bergleute waren tot oder vermisst, etliche hatten sich aber auch selbst retten können. Nun arbeitete sich ein Bohrer zu einer letzten Suche nach unten vor. Plötzlich hörte man Klopfzeichen. Elf Männer waren noch am Leben! Sie hatten weder Nahrung und Wasser noch Licht, aber sie hatten dennoch überlebt. Durch das Bohrloch konnten sie Essen, Trinken und frische Kleidung bekommen. Es dauerte noch vier Tage, bis die elf Männer unversehrt nach oben geholt werden konnten. Ein Wunder!

In Lengede kann man heute noch sehen, wo die Bergleute nach oben kamen (dicke Röhre rechts im Bild).

Mitmachtipp!

Harzer Schmuckstück

Im Harz gibt es Silber und hübsche Steine. Mache daraus einen Anhänger für Rucksack oder Schlüsselbund!

DU BRAUCHST:

1 kleinen Stein, Silberdraht, Perlen, Schere, Schlüsselring oder Karabiner

SO GEHT'S:

Umwickle den Stein mehrmals fest mit Silberdraht. Verzwirble die Drahtenden auf der Rückseite des Steins. Fädele einige Perlen auf. Wickle die Drahtenden um den Schlüsselring. Zwirble sie zwischen Schlüsselring und oberster Perle fest und schneide sie ab.

Auf der Teststrecke zwischen Dörpen und Lathen fuhren bis 2011 Transrapid-Züge.

Wer ist der schnellste?

Wuuusch! Rasend schnell düst der Zug auf seiner hohen Stelzenstrecke vorbei. Wir sind im Emsland und stehen direkt an der Teststrecke des Transrapid. Der Transrapid ist eine Magnetschwebebahn. Das bedeutet, dass er nicht wie normale Züge auf den Schienen steht, sondern vielmehr dicht darüber schwebt. Dafür sorgen starke Magnete. Weil es keine Reibung zwischen Schiene und Zug gibt, kann die Bahn rasend schnell werden: 450 km/h schaffte der Transrapid im Emsland! Heute fährt der Transrapid in China, aber ausschließlich in Shanghai vom Flughafen in die Stadt.

Alter Käfer

Was macht ein Käfer auf der Straße?

Klein, ein wenig rundlich und mit freundlichen großen Augen – Verzeihung, Scheinwerfern: Das ist ein Käfer. Nein, kein Krabbeltier, sondern ein Auto der weltbekannten Marke Volkswagen

Neuer Beetle

aus Wolfsburg. Du hast es bestimmt schon auf der Straße gesehen. Von 1938 bis 2003 wurden mehr als 20 Millionen Käfer gebaut, viele davon in Wolfsburg, Emden und Hannover, andere in Fabriken auf der ganzen Welt. Der Käfer war das beliebteste Auto der Zeit! Der moderne Käfer, der VW Beetle, wird nicht mehr in Wolfsburg, sondern in Mexiko gebaut.

Erkunde die Autostadt!

In der Autostadt in Wolfsburg dreht sich alles um das Thema Bewegung. Dort findest du zum Beispiel ein riesiges Gerüst, auf dem du balancieren, rutschen, klettern und von dem du dich abseilen kannst. Auf einem Parcours im Gebäude hast du die Möglichkeit, verschiedene Fahrgeräte auszuprobieren: Du kannst dich wie eine Raupe fortbewegen oder Fahrzeuge testen, die du nur über die Pedale oder mit zwei Hebeln lenkst. Auf welche Regeln du im Straßenverkehr achten musst, erfährst du in der Fahrschule. Du lernst zum Beispiel, was beim Zebrastreifen wichtig ist, wer an einer Kreuzung zuerst fahren darf und auf wen du Rücksicht nehmen musst. Von April bis Oktober kannst du im Lernpark selbstständig elektrisch betriebene Autos fahren und deinen Kinderführerschein machen.
Wenn du die Autostadt mit deiner Schulklasse besuchst, könnt ihr an verschiedenen Kursen teilnehmen: Dabei baut ihr etwa ein Luftraketenauto, ihr gestaltet ein Fahrzeug, das mit Sonnenenergie angetrieben wird, oder begebt euch auf eine Rallye durch die Autostadt.

Autostadt
Stadtbrücke/Navi: Berliner Brücke
38440 Wolfsburg
www.autostadt.de

Im Schiffshebewerk Lüneburg am Elbe-Seitenkanal fahren Schiffe 38 Meter hinauf oder hinab.

Wer ist auf dem Wasser unterwegs?

Fabriken und Geschäfte warten immer darauf, dass Bauteile, Material oder Waren pünktlich ankommen. In Niedersachsen wird vieles davon auf dem Wasser transportiert. Der Elbe-Seitenkanal, der Mittellandkanal und der Küstenkanal verbinden die Regionen mit den Flüssen Elbe, Weser und Ems und der Nordsee. So können Schiffe fast überall hinfahren. Was ist eigentlich der Unterschied zwischen Fluss und Kanal? Ein Fluss ist ein natürliches Gewässer, ein Kanal künstlich gebaut. Er hat keine Quelle, keine Mündung und keine Strömung. Weil die Landschaft nicht immer ganz eben ist, gibt es Schiffshebewerke und Schleusen. In einer Schleuse wird Wasser in eine geschlossene Kammer gepumpt, sodass das Schiff darauf nach oben schwimmt (und umgekehrt). In einem Schiffshebewerk wird der Kahn mitsamt eines Wasserbeckens kurzerhand hochgehoben oder gesenkt.

Hoch hinaus!

In Nordenham und Stade werden Flugzeugteile gebaut. In Braunschweig forschen Ingenieure am Deutschen Zentrum für Luft- und Raumfahrt. Für die Sicherheit im Luftverkehr sorgen die Mitarbeiter im dortigen Luftfahrtbundesamt – alle wollen in die Luft gehen!

Wo kannst du Pötte kieken?

Was machen wir am Sonntag? Am besten ans Wasser fahren und »Pötte kieken«. Das geht ganz einfach: Man fährt an einen großen Fluss oder auch an die Nordsee und guckt (Plattdeutsch: »kiekt«), was da so an großen Schiffen (Plattdeutsch: »Pötten«) vorüberdümpelt. Die größten Containerschiffe der Welt steuern oft Hamburg an. Dafür müssen sie an Cuxhaven und dem Alten Land vorbei durch die Elbe. Oder sie machen im JadeWeserPort, dem Wilhelmshavener Hafen, fest. Der größte deutsche Seehafen ist tief genug für Containerriesen mit 18 Meter Tiefgang.

Die Schiffbauer der Meyer Werft in Papenburg bauen riesige Kreuzfahrtschiffe. Bis zu 5.000 Reisende haben darauf Platz und dazu Restaurants, Schwimmbäder, Geschäfte, Theater, Arztpraxis, Hubschrauberlandeplatz, Spielplatz und Fitnesshalle! Etwa zweimal im Jahr wird ein neues Schiff in die Nordsee überführt. Damit die Ozeanriesen nicht auf Grund laufen, wird die Ems aufgestaut. Auch oben wird es eng: Manchmal sind zwischen Schiff und Brücke gerade mal 50 Zentimeter Platz. Tausende Schaulustige beobachten das Ereignis vom Ufer aus.

Ein Kreuzfahrtschiff vor der Meyer Werft in Papenburg.

Wer wohnte wie und wo?

Ein Fachwerkhaus im Freilichtmuseum Cloppenburg

Wie lebte es sich im Fachwerk?

Wenn du in Niedersachsen über Land fährst, fallen dir vielleicht die vielen großen Fachwerkhäuser auf. Hier wohnten früher die Bauern. Durch die »grot Dör« (große Tür) an der Giebelseite gelangte man in die Diele. Dieser Riesenraum wurde vielseitig genutzt: Erntewagen fuhren ein, denn auf dem Dachboden wurde Getreide und Stroh gelagert, das Korn wurde gedroschen, bei einer Hochzeit auch mal getanzt.

Die Altstadt von Hannover – hier gibt es noch viel Fachwerk zu sehen.

Links und rechts der Diele lebten Kühe und Hühner in ihren Ställen. Im hinteren Teil des Hauses hieß die Diele »Flett« und war eine Art Wohnküche. Über dem offenen Herdfeuer hingen Schinken und Würste im Rauch. Die Hausfrau kochte, flickte oder arbeitete an Spinnrad oder Webstuhl. Es gab Bänke zum Sitzen und Truhen mit Vorräten. Die Betten verbargen sich in Schränken am Rand des Fletts, nur manchmal wurden extra Wohn- und Schlafräume eingebaut. Experten nennen solche Häuser übrigens niederdeutsche Hallenhäuser.

Auf der Fachwerkstraße

Die Deutsche Fachwerkstraße führt auf 3.500 Kilometern durch große Teile Deutschlands. Entlang der Strecke stehen in über 100 Orten alte Fachwerkhäuser. In Niedersachsen führt die Fachwerkstraße von Stade entweder über Bleckede, Celle und Königslutter nach Duderstadt oder über Nienburg und Bad Essen nach Duderstadt. Hier ist eine alte Stadt schöner als die andere. Besuche sie doch einfach alle!

www.deutsche-fachwerkstrasse.de

Wo steht das schmalste Haus Niedersachsens?

Es steht in Wolfenbüttel! Das Fachwerkhaus ist gerade mal 2,20 Meter breit, dafür aber 14 Meter lang und hat vier Stockwerke. Es wurde 1751 in eine enge Gasse zwischen ältere Häuser gebaut. Die Gasse war eigentlich für den Transport von Löschwasser aus dem Fluss, der Oker, gedacht, denn die strohgedeckten Fachwerkhäuser, die in der Stadt dicht an dicht standen, fingen leicht Feuer. Zum Glück steht das schmale Haus bis heute sicher in der Stadt.

Fachwerk bedeutet: Es werden Holzrahmen gebaut, die durch Holzdübel fest untereinander verbunden sind. So entsteht eine Art Gerippe. Die entstandenen Hohlräume wurden mit einem Gemisch aus Stroh und Lehm gefüllt. Das war günstiger, als das Haus komplett aus Holz oder gar aus Stein zu bauen. Die Holzbalken

Eine Haustür und ein kleines Fenster: *Mehr Platz ist im schmalsten Haus von Wolfenbüttel nicht.*

Landleben heute!

Auf dem Dorf lebt man auch heute noch anders als in der Stadt. Jeder kennt jeden, und jeder passt ein bisschen auf den anderen auf. Viele alte Häuser und Höfe stehen noch und prägen das Bild des Dorfes. Doch dank Auto und Internet ist keiner mehr so abgeschieden, wie es früher zum großen Teil der Fall war.

wurden mit Schnitzereien verziert und bunt bemalt. Fachwerkhäuser sind oft 500 Jahre alt – und stehen noch immer!
Die Tradition, den Giebel mit Pferdeköpfen aus Holz zu schmücken, ist viel jünger. Die Pferde passen zum niedersächsischen Wappentier. Wer sich heute ein Fachwerkhaus baut, füllt die Fächer mit Klinkersteinen. Äußerlich sehen die neuen Häuser den alten richtig ähnlich, innen drin aber sind sie modern.

In Celle sind ganze Straßen mit Fachwerkhäusern bebaut. Manche haben bis zu sechs Stockwerke.

Werde Fachwerkarchitekt!

SO GEHT'S:
Zeichne auf das Moosgummi zwei Balken von etwa 8 x 1,5 cm und 4 x 1,5 cm, dazu einen Dachziegel (2 x 1,5 cm). Schneide die Teile aus und runde zwei Ecken des Dachziegels ab. Klebe die Moosgummiteile auf die Klötze oder Korken und lasse den Kleber trocknen. Nun kannst du ein Fachwerkhaus auf Papier stempeln: Aus den Balken baust du das Fachwerk, aus dem kleinen Ziegel das Dach. Wenn du kein Stempelkissen hast, kannst du die Stempel dünn mit Acrylfarben einpinseln.

DU BRAUCHST:
Moosgummi (ca. 10 x 10 cm), Kugelschreiber, 1 Lineal, Schere, 3 Holzklötze oder Korken, Bastelkleber, Papier, Stempelkissen

Fest in der Hand der Familie: Burg Bentheim

Gruselig

Geister, Gespenster, Werwölfe ... Um Burgen ranken sich oft unheimliche Geschichten! Richtig gespenstisch ist der Böxenwolf. Dieser Wolfsmensch soll in Schaumburg umgehen. Er springt dir nachts auf den Rücken und lässt sich so lange tragen, wie er Lust hat.

Gibt es in Niedersachsen auch Burgen?

Mächtig ragt der Bergfried über das Land. Dieser Burgturm, die Mauern der Burg und einige Dächer sind weithin sichtbar. Und das ist kein Zufall. Von der hoch gelegenen Burg aus konnte man Feinde schon von Weitem erblicken und sich so besser auf einen Kampf vorbereiten. Umgekehrt sahen Feinde und Untertanen die starke Burganlage und wussten gleich: Dort regiert ein mächtiger Herrscher. Im Mittelalter war eine Burg also ein wenig wie heute ein Polizeiauto auf Streife: ein sichtbares Zeichen für Ordnung und Gesetz. Im Harz kannst du zum Beispiel die Burgruinen Scharzfels und Harzburg besichtigen. Beide sind ungefähr 1.000 Jahre alt.
Auch Niedersachsens größte Burg, die Burg Bentheim, stand vermutlich schon um das Jahr 1000 n. Chr. auf einem Felsen über der Stadt. Sie gehört noch heute der Familie zu Bentheim und Steinfurt.

Wohnen auf dem Rittergut

Die Familie von Twickel lebt seit rund 300 Jahren auf dem Rittergut Stovern.

Frau von Twickel, wie alt ist Ihr Haus?
1230 tauchte das Haus zum ersten Mal in Urkunden auf. Seitdem hat es sich immer wieder verändert. Es ist angebaut, umgebaut und teilweise auch neu gebaut worden.

Wie viele Zimmer hat es?
Wir haben zehn Zimmer. Das ist wirklich toll, man kann sogar im Haus Bobbycar fahren.

Wenn man in einem Schloss wohnt, ist man dann reich und muss gar nicht arbeiten?
Oh doch, wir müssen jeden Tag arbeiten. Denn wir haben einen landwirtschaftlichen Betrieb und müssen unsere Felder bestellen und ernten. Freiherr von Twickel, der Hausherr, fährt mit großer Leidenschaft den Trecker und die anderen Maschinen selbst.

Gibt es in so einem alten Schloss richtige Badezimmer, Internet, einen Fernseher?
Ja, das gibt es hier alles, weil das Haus renoviert worden ist. Unsere Bäder sind zum Beispiel supermodern. An die Wasserpumpe gehen wir nur zum Blumengießen.

Ist es auf dem Schloss manchmal unheimlich?
Gespenster sind uns noch nie begegnet, aber vielleicht wohnen wir hier auch noch nicht lange genug, um eines zu treffen.

Na, falls doch, ist es hoffentlich ein liebes Schlossgespenst!

Das Rittergut Stovern hat drei lange Gebäudeflügel und einen Wassergraben außen herum.

So sieht die Decke im Goldenen Saal von Bückeburg aus.

So prächtig lebten die Fürsten zu Schaumburg-Lippe in Schloss Bückeburg.

Wer wohnte auf einem Schloss?

Märchenprinzessinnen, edle Ritter, noble Fürsten? Ja, sie alle, und noch viele mehr. Schloss Hämelschenburg, Schloss Bückeburg und Schloss Marienburg sind besonders prachtvoll, richtige Märchenschlösser mit Türmchen, Erkern und Wassergräben. Hier waren bedeutende adlige Familien zu Hause, zum Beispiel die Fürsten zu Schaumburg-Lippe in Schloss Bückeburg, die südwestlich von Hannover herrschten. Sie feierten in riesigen Sälen und hatten viele feine Zimmer zur Verfügung.

Neben den Adligen lebten unzählige Bedienstete im Schloss: Zimmermädchen, Köche, Kammerdiener, Erzieherinnen, Jagdaufseher, Verwalter und viele mehr. Die Dienerschaft hatte eigene Wohnbereiche, Treppen und Flure. Die waren natürlich weniger prachtvoll als die der Herrschaften.

ZEIT leo Ausflugs-tipp!

Auf zum Schloss Marienburg!

Wie haben König Georg V. von Hannover, seine Frau Marie und ihre Kinder gewohnt? Und wie sah ihr Alltag aus? Das erfährst du bei einer Führung durch das Schloss Marienburg. In den Ferien finden jeden Dienstag und Donnerstag spezielle Kinderführungen statt. Dabei kannst du in elf Räumen – darunter der Speisesaal, der Salon der Prinzessin, die Bibliothek und ein Waffenraum – allerlei entdecken. Rund um Halloween gibt es Gruselführungen: Mit zwei Schlossführerinnen ziehst du abends durch die geheimnisvollen Gemächer, die nur mit Kerzen beleuchtet sind. Wenn Türen und Böden knarren, kann es schon mal unheimlich werden. Märchenhafter geht es im Dezember zu: Mit Hermine Holle, Schmetterlingsfee Annabelle und Frieda Frost begegnest du Figuren, die du vielleicht aus den Erzählungen der Brüder Grimm kennst und die dir beim Märchen-Rate-Spiel helfen.

Schloss Marienburg
Marienberg 1
30982 Pattensen
www.schloss-marienburg.de

Im Schloss Marienburg leben noch heute die Nachfahren der Könige von Hannover.

Wie wohnt es sich auf einer Insel?

Vor über 400 Jahren war das Leben auf den Ostfriesischen Inseln ziemlich hart. Auf dem sturmumtosten Sandboden ließ sich kaum Gemüse oder Obst anbauen, es wuchs nur wenig. Immer wieder zerstörten Sturmfluten die Häuser, die Weiden für Ziegen und Schafe und das Ackerland. Zerschellte ein Schiff vor der Küste, gingen die Insulaner Strandgut sammeln. Dabei konnten sie mit etwas Glück richtige Schätze entdecken: Holz zum Bauen, Handelswaren, manchmal auch etwas Schmuck oder Geld. Im 16. Jahrhundert ging es langsam aufwärts: Viele Reeder rüsteten Walfangschiffe aus. Die Menschen von den Inseln waren prima Seemänner, als Walfänger auf den Weltmeeren konnten sie reichlich Geld nach Hause bringen.

Vor rund 180 Jahren besuchten dann die ersten Urlaubsgäste die Nordseeinseln. Gute Luft, Baden in der Nordsee und wunderschöne Natur: All das lockt heute noch die Touristen an. Durch das Geld, das die Gäste ausgeben, geht es auch den Insulanern immer besser.

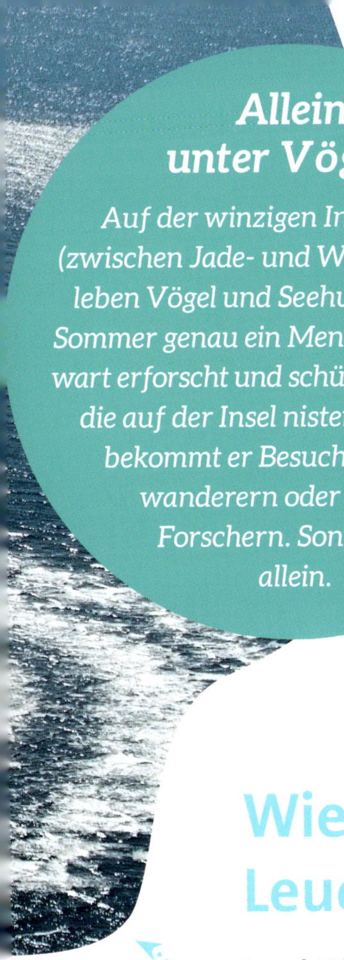

sel Mellum
it Leuchtturm
ellumplate

Allein unter Vögeln!

Auf der winzigen Insel Mellum (zwischen Jade- und Wesermündung) leben Vögel und Seehunde – und im Sommer genau ein Mensch. Der Vogelwart erforscht und schützt die Seevögel, die auf der Insel nisten. Manchmal bekommt er Besuch von Wattwanderern oder anderen Forschern. Sonst ist er allein.

Leuchtturm an der Juliusplate bei Delmenhorst

Wie einsam ist der Leuchtturmwärter?

Leuchttürme weisen mit ihrem Licht Schiffen den Weg. Heute leuchten die Lampen automatisch, aber früher musste ein Leuchtturmwärter vor Ort sein. Dieser sorgte dafür, dass das Leuchtfeuer immer hell strahlte. Bei Nebel musste er außerdem die Nebelglocke läuten. Der Leuchtturm Roter Sand zum Beispiel wurde 1885 westlich der Insel Wangerooge gebaut, also mitten in der Nordsee. Der Leuchtturmwärter und sein Gehilfe lebten hier völlig allein. Nur alle acht Wochen kam ein Boot, um ihnen Proviant und Briefe zu bringen. Na, hoffentlich hatten die zwei nur selten Streit!

Leben auf der Wurt!

Das Land Wursten zwischen Cuxhaven und Bremerhaven hat mit Wurst nichts zu tun. Der Name kommt von »Wurten«. Auf diese künstlich angelegten Hügel bauten die Menschen an der Küste früher ihre Häuser. Dort waren sie sicher vor der Flut.

DIE FÜNF GRÖSSTEN STÄDTE NIEDERSACHSENS

Hannover	*532.000 Einwohner*
Braunschweig	*251.000 Einwohner*
Oldenburg	*164.000 Einwohner*
Osnabrück	*162.000 Einwohner*
Wolfsburg	*124.000 Einwohner*

91 Meter hoch ist das höchste Wohnhaus Hannovers, das Lister Tor.

Wie wohnt es sich in der Stadt?

Innenstadt, Landtag, Universität, Messe, Flughafen: Hannover ist die größte Stadt Niedersachsens mit den meisten Geschäften, Verkehrswegen und den Gebäuden der Landesregierung. Aber natürlich leben hier auch jede Menge Leute, manche in vornehmen Villen im Zooviertel, andere in Hochhäusern wie am Lister Tor. Der große Stadtwald Eilenriede, die Herrenhäuser Gärten, der Zoo und viele andere Parks machen Hannover zu einer grünen Großstadt.

In Hannover und anderen Städten gibt es Universitäten. Das bedeutet, dass rund 100.000 Studenten Wohnraum brauchen. Da ist der Andrang groß! Wer kein Zimmer findet, sucht sich woanders eine Bleibe. Manche Studenten wohnen auf dem Campingplatz, im Seniorenheim oder auf einem Hausboot.

Wie wohnen wir wohl in Zukunft?

Ein Spiegel, der dich daran erinnert, wie lange du noch die Zähne putzen musst? Eine App, die deinen Eltern bei der Arbeit Bescheid sagt, wenn du nach Hause kommst? Solche technischen Feinheiten (und noch viele mehr) vermuten Forscher in den Wohnhäusern der Zukunft. Diese werden überwiegend in Hannover, Braunschweig, Oldenburg und anderen großen Städten stehen. Denn dort ziehen immer mehr Niedersachsen hin. In den Städten wird dadurch der Platz für Wohnungen immer knapper. Eine Lösung sind Mikrohäuser. Diese sind ganz klein, schnell auf- und auch wieder abzubauen. Total praktisch!

Ein Mikrohaus kann man aufstellen, wo man gerade möchte: in der Stadt oder mitten in der Natur.

Summm, summ, summ!

Imker lassen sich von ihren Bienen – auf Platt »Immen« – süßen Honig herstellen, oft mitten in der Großstadt. Durch Krankheiten und weil sie nicht genug Nahrung finden, sind die kleinen Summer leider in Gefahr.

Kunterbuntes Insektenfutter

Bienen, Hummeln und Schmetterlinge brauchen von Frühling bis Herbst blühende Pflanzen als Nahrung. Richte ihnen auf dem Balkon einen bunten Esstisch her!

DU BRAUCHST:
1 großen Blumentopf oder Blumenkasten, Blumenerde, Samenmischung (gibt es extra für Bienen und Co.), Gießkanne

SO GEHT'S:
Fülle Erde in den Topf. Streue die Samen hinein. Gib je nach Anweisung auf der Samentüte noch etwas Erde darüber. Halte sie immer etwas feucht. Bald blüht dein Insektenfutter!

***Tipp:** Bitte deine Eltern, ein paar Stängel eurer Küchenkräuter wie Oregano, Schnittlauch und Thymian blühen zu lassen. Auch das mögen Insekten gern!*

Beim Schützenfest in Hannover haben unzählige Besucher bei Tag und Nacht ihren Spaß.

***In Niedersachsen** trifft man sich am Ostersonnabend beim Osterfeuer!*

Wann lodern die Feuer auf?

Wie feiern die Schützen?

Festzelt, gebrannte Mandeln, Riesenrad und Achterbahn: In Niedersachsen hat fast jeder Ort einen Schützenverein, und der feiert einmal im Jahr Schützenfest. Das größte Schützenfest der Welt findet in Hannover statt, und das schon seit 500 Jahren. Über eine Million Menschen kommen dorthin, um Geisterbahn zu fahren, Popcorn zu essen und das Feuerwerk zu bestaunen.

Drei Tage gemeinsam feiern, das kann man beim »Tag der Niedersachsen«. Er findet alle zwei Jahre in einer anderen Stadt statt, zuletzt 2017 in Wolfsburg. Die ganze Stadt ist dann ein einziger Festplatz mit Musik- und Showbühnen, einem Umzug, freiem Eintritt in Museen und vielem Interessantem mehr.

Osterfeuer

Am Abend vor Ostersonntag wird in fast jedem Ort ein Osterfeuer entzündet. An einem riesigen Lagerfeuer treffen sich die Menschen, um die Wärme zu genießen und sich nach dem Winter auf das Osterfest und den Frühling zu freuen. In alter Tradition sollte das Feuer die bösen Geister des Winters vertreiben.

Mitmachtipp!

Auf zum Martinssingen!

In vielen Orten, zum Beispiel in der Lüneburger Heide und in Ostfriesland, gehen die Kinder am 10. November, dem Geburtstag Martin Luthers, zum Martinssingen.

DU BRAUCHST:
1 Tasche, ein paar Freunde

SO GEHT'S:
Gehe mit deinen Freunden am 10. November in der Dämmerung von Tür zu Tür. Singt den Menschen das Lied »Matten Herrn«. Bittet um ein paar Süßigkeiten und eine Spende. Die Süßigkeiten dürft ihr behalten. Das Geld gebt ihr am Ende bei der Kirche oder einem Tierheim ab.

MATTEN, MATTEN HERRN

Matten, Matten Herrn,
die Äpfel und die Birn,
die ess ich ja so gern!
Lass uns nicht zu lange stehn
auf den kalten Steinen,
denn wir wolln noch weiter gehen
nach Bremen, nach Bremen.
Bremen ist 'ne schöne Stadt,
da kriegen alle Kinder was.

Gruselig verkleidet fahren die Hexen und Geister am 30. April auf den Blocksberg im Harz – heute genau wie früher.

Welche Märchen erzählt man sich?

Mitten in der Nacht fliegen Hexen auf ihren Besen zu einem hohen Berg und tanzen dort um ein loderndes Feuer. So soll es der Sage nach einmal im Jahr im Harz zugehen, wenn sich die Hexen und Geister auf dem Brocken treffen. Diese Sage erzählen sich die Menschen im Harz noch heute. Jedes Jahr am 30. April verkleiden sie sich und spielen die Walpurgnisnacht nach.

Sagen und Märchen wie die vom Hexentanz im Harz erzählten einander die Menschen früher aus Spaß, aber auch, um sich Angst einzujagen. Das wollten wohl auch die Erzähler vom plattdeutschen Märchen »Der Hase und der Igel«

aus der Gegend von Buxtehude: Die beiden Tiere machen ein Wettrennen. Der langsame Igel trickst den schnellen Hasen aus, indem er seine Frau an der Ziellinie platziert, die sich als ihr Mann ausgibt und nach jeder Runde ruft: »Ick bün all dor!« (Ich bin schon da!) Daraus lernt man, dass Klugheit manchmal mehr bringt als Körperkraft. Dieses Märchen wurde übrigens auch von den berühmtesten Märchensammlern, den Brüdern Grimm, erzählt.

Dem Rattenfänger von Hameln auf der Spur!

ZEIT leo Ausflugs-tipp!

Laut einer Sage soll ein Flöte spielender Mann Ratten aus der Stadt gelockt und damit Hameln von der Nagerplage befreit haben. Als ihm der versprochene Lohn nicht gezahlt wurde, soll er die Kinder aus der Stadt geführt haben – so wird es in der Geschichte des Rattenfängers erzählt. Aber was an der Sage ist ein Märchen, was entspricht der Wahrheit, und wofür gibt es welche Beweise? Das und vieles mehr erfährst du im Museum Hameln. In einem Forscherschrank werden etwa verschiedene Ideen vorgestellt, was mit den 130 Kindern passiert sein kann, die dem Mann gefolgt sein sollen. Zu dem Ausstellungsbereich gehört auch ein mechanisches Rattenfänger-Theater: In zwölf Minuten wird – begleitet von Licht und Geräuschen – die Geschichte des Flötenspielers dargestellt.

Mit deiner Familie oder Klasse hast du auch die Möglichkeit, dich bei Führungen auf die Spuren des Rattenfängers zu begeben. Im Anschluss kannst du basteln oder selbst zum Sagenerzähler werden.

Museum Hameln
Osterstraße 8-9
31785 Hameln
www.museum-hameln.de

Till Eulenspiegel
in einem alten Buch

Wer macht den größten Blödsinn?

Kann ein Esel lesen? Kann man sich an den eigenen Haaren aus dem Sumpf ziehen oder Kinder in Brotteig backen? So viel ist klar: Das geht nur in ziemlich verrückten Geschichten. Im Jahr 1300 wurde Till Eulenspiegel in Kneitlingen geboren. Den Geschichten nach veräppelte er oft Menschen, die sich für klug und wichtig hielten. Einmal brachte er einem Esel bei, Buchseiten umzublättern. Als der Esel dazu »I-a« rief, behauptete Till: »Der Esel kann lesen, immerhin zwei Buchstaben.« Das fanden aber nicht alle witzig!
Aus Bodenwerder kam der Freiherr von Münchhausen. Er soll eine Menge Geschichten erzählt

Eulen und Meerkatzen !

In Braunschweig hat sich Till Eulenspiegel einmal als Bäcker versucht. Statt Brötchen formte er aus dem Teig aber Eulen und Meerkatzen (Affen). Die kann man heute noch in manchen Braunschweiger Bäckereien kaufen.

Auf einer Kanonenkugel *durch die Luft fliegen? Bei Münchhausen geht das.*

haben. Einmal blieb er mit seinem Pferd im Sumpf stecken und zog sich an den eigenen Haaren wieder heraus.
Manchmal wünschst du dir sicher auch solche Abenteuer, oder?

Max und Moritz

Wilhelm Busch (1832–1908) kam aus Südniedersachsen und studierte in Hannover, Düsseldorf, Antwerpen und München. Dort zeichnete und dichtete er auch seine berühmten Geschichten von Max und Moritz.

Kennst du den kleinen Drachen Kokosnuss? Sein Erfinder ist Ingo Siegner.

Von Feuerdrachen, Stachelschweinen und Erdmännchen

Ingo Siegner schreibt und zeichnet spannende und lustige Geschichten, zum Beispiel vom kleinen Drachen Kokosnuss.

Herr Siegner, haben Sie schon immer in Niedersachsen gelebt?

Ich bin in Hannover geboren und in Großburgwedel aufgewachsen. Seit ich 19 Jahre alt bin, lebe ich wieder in Hannover.

Warum leben Sie hier?

Niedersachsen ist meine Heimat. Ich mag die Leute, ich mag die Felder und die Wälder. Einmal im Monat gehe ich mit einem Freund wandern – meistens fahren wir mit dem Zug hinaus, entweder ans Steinhuder Meer, in den Harz oder in die Heide. So lerne ich das Land am besten kennen.

Gibt es in Niedersachsen Feuerdrachen?

Nein, ich habe die Feuerdrachen ja nur erfunden. Es gibt sie in der Fantasie, und nun auch in meinen Büchern. Sie können zwar gefährlich sein, aber eigentlich sind sie sehr gutmütig.

Ist es schwer, Bücher zu schreiben und zu malen?

Hm, ja, ich muss schon oft ziemlich fleißig sein. Ich habe immer einen kleinen Zeichenblock dabei und notiere Ideen und mache Skizzen.
Bis dahin macht es Spaß, aber dann beginnt die Arbeit: Die Geschichte aufzuschreiben und zu illustrieren. Dafür brauche ich insgesamt zwei bis drei Monate.
Trotzdem: Ich finde, es ist ein schöner Beruf!

Eine kunstvolle Malerei aus dem 800 Jahre alten Evangeliar Heinrich des Löwen.

Wo liegt eines der teuersten Bücher der Welt?

Herzog August Bibliothek Wolfenbüttel: Hier befindet sich heute das Evangeliar Heinrich des Löwen.

Es ist über 800 Jahre alt, nicht auf Papier, sondern auf Pergament (Tierhaut) geschrieben und über 15 Millionen Euro wert: das Evangeliar Heinrich des Löwen. Das ist ein Buch, in dem die vier Geschichten über das Leben Jesu aus der Bibel, die Evangelien, stehen. Wie alle Bücher im Mittelalter wurde es mit der Hand geschrieben und mit vielen Bildern prächtig verziert. Viele hundert Stunden muss ein Künstler im Jahr 1188 daran gearbeitet haben – und es ist absolut einzigartig! 1983 konnte das Land Niedersachsen das Buch für 32,5 Millionen D-Mark (etwa 16 Millionen Euro) kaufen. Es war damals das teuerste Buch der Welt! Damit es nicht durch Licht und Luft Schaden nimmt, kann man es nur alle zwei Jahre ansehen. Aufbewahrt wird das wertvolle Schriftstück in der Herzog August Bibliothek in Wolfenbüttel. Hier gibt es noch viele andere Schriften aus dem Mittelalter. Die Bibliothek ist auch berühmt, weil die Gelehrten Gottfried Wilhelm Leibniz und Gotthold Ephraim Lessing dort einige Zeit ihres Lebens verbrachten.

Dichter für Toleranz und Verständnis

Gotthold Ephraim Lessing (1729–1781) wurde 1770 Bibliothekar in Wolfenbüttel. Er fand in den Archiven viele längst vergessene Schriften. Außerdem war er Dichter. In Wolfenbüttel schrieb er sein Theaterstück »Nathan der Weise«. Darin beschreibt er, wie ähnlich sich die großen Religionen Islam, Judentum und Christentum eigentlich sind, und wirbt für Toleranz und Verständnis. Daran sollten wir auch heute immer wieder denken!

Welche Schätze bergen die Heideklöster?

In der Lüneburger Heide gibt es sechs alte Klöster: in Ebstorf, Isenhagen, Lüne, Medingen, Walsrode und Wienhausen.
Das älteste von ihnen, Kloster Walsrode, ist über 1.000 Jahre alt. Heute sind die Klöster evangelische Damenstifte: Hier leben Frauen nach christlichen Regeln zusammen.
In den alten Backsteingemäuern lagern wahre Schätze! Im Kloster Wienhausen gibt es Wandteppiche, die über 500 Jahre alt sind und ganze Geschichten zeigen. Sie sind so wertvoll, dass sie nur einmal im Jahr gezeigt werden.
700 Jahre alt ist die Weltkarte aus dem Kloster Ebstorf. Sie ist etwa 3,5 mal 3,5 Meter groß und zeigt mit Bildern und Texten die ganze damals bekannte Welt. Leider ist das Original 1943 bei einem Luftangriff auf Hannover verbrannt. Heute kann man nur noch Nachbildungen anschauen.

Links unten auf der Ebstorfer Weltkarte siehst du einen Löwen auf einem Kirchendach: Das ist Braunschweig mit dem Braunschweiger Löwen. Das kleine Gebäude direkt darunter zeigt Hannover, das direkt darüber Goslar. Die große Burg links neben Braunschweig stellt Lüneburg dar. Die Stadt mit den drei Türmen unter Lüneburg ist Verden.

Das Gemälde von Otto Modersohn zeigt die Gegend um Worpswede.

Ist Niedersachsen besonders »malerisch«?

Vor gut 100 Jahren fanden einige Künstler, dass es nirgendwo so malerisch ist wie in Worpswede. 1889 beschlossen die Maler Heinrich Vogeler, Hans am Ende und Otto Modersohn, in das Dorf nördlich von Bremen zu ziehen. Andere Künstler folgten bald. Sie liebten den wolkigen Himmel mit seinem Licht, die Weite des Teufelsmoors und die ländlichen Motive. All das malten sie, mit Vorliebe draußen. Heinrich Vogelers Bilder zeigen häufig liebliche Landschaften und hübsche Frauen. Die Bilder der Malerin Paula Modersohn-Becker sehen dagegen fast kindlich aus: Die Menschen haben große Augen, alle Linien scheinen mit dickem Pinsel gemalt. Das macht ihre Gemälde besonders spannend. Auch der berühmte Dichter Rainer Maria Rilke kam nach Worpswede und freundete sich mit Paula Modersohn-Becker an. Noch heute leben in Worpswede viele Künstler: Maler, Fotografen, Bildhauer und Autoren sind hier glücklich.

Von Mäusen, Bären und Pinguinen

Kennst du eine fröhliche Maus mit Glubschaugen, freche Pinguine und lustige Bären? Oder Menschen mit Wuschelhaaren und großen Kartoffelnasen? Der Künstler Uli Stein zeichnet diese bekannten Figuren und schreibt lustige Gespräche dazu. Solche Witze mit Bildern nennt man Cartoons. Außerdem macht Uli Stein tolle Fotos, zum Beispiel von Tieren. Der Künstler wurde 1946 in Hannover geboren und lebt heute in der Nähe der Stadt.

Ein Rahmen für deine Kunstwerke!

Mitmachtipp!

Malst du auch so gern? Dann ist dieser Rahmen für deine Kunstwerke genau das Richtige.

DU BRAUCHST:

Feste Graupappe (etwas größer als dein Kunstwerk), Bleistift, Acrylfarbe, Pinsel, Dekomaterial (Knöpfe, Pailletten, Strass- oder Glassteine), Bastelkleber, Klebestreifen, Büroklammer

SO GEHT'S:

Lege dein Kunstwerk in die Mitte der Pappe und zeichne mit dem Bleistift den Umriss nach. Bemale den äußeren Rahmen mit Acrylfarbe und lasse ihn trocknen. Danach beklebst du ihn mit Dekomaterial, das Kunstwerk kommt in die Mitte. Eine Büroklammer, die du mit Klebefilm auf der Rückseite als Ring befestigst, ist ein prima Aufhänger. Mache doch gleich eine kleine Ausstellung!

Wie klingt Niedersachsen?

Mit einer coolen Band und tausend anderen Kindern zusammen singen und das in einer riesigen Konzerthalle – klingt das nicht traumhaft? Wahr wird dieser Traum bei »Klasse, wir singen«, einem Singprojekt für Schulen. Frage doch mal deine Lehrer, ob sie nicht mitmachen wollen. Ihr bekommt CDs und Notenhefte, übt die Lieder in der Klasse und reist gemeinsam zu einer Konzerthalle in eurer Nähe, um das Riesenkonzert zu geben. So wirst du ein Star!

Beim Liederfest von »Klasse, wir singen« treten Tausende Schüler von Klasse 1 bis 7 zusammen auf.

Lena Meyer-Landrut

Von der Schülerin zum Star

Es klingt fast wie ein Märchen: Ein Mädchen singt und tanzt gern, bewirbt sich beim Fernsehen, darf vorsingen und wird am Ende Siegerin eines Wettbewerbs, bei dem Musiker aus ganz Europa auftreten. Das ist die Geschichte von Lena Meyer-Landrut aus Hannover. Mit 19 Jahren gewann sie den Eurovision Song Contest und wurde dadurch berühmt. Heute gibt sie Konzerte und beurteilt als Jurorin bei Castingshows selbst neue Talente.

Die Orgel in Rysum von 1457 gehört zu den ältesten Orgeln der Welt.

Hast du Töne!

Im Norden Niedersachsens gibt es viele alte Kirchenorgeln. Berühmt sind vor allem die von Baumeister Arp Schnitger (1648–1719). Die älteste Orgel des Landes klingt in Rysum. Man kann darauf bis zum heutigen Tag Musik machen.

Wer dichtete die schönsten Lieder?

»Alle Vögel sind schon da«, »Der Kuckuck und der Esel«, »Ein Männlein steht im Walde«, »Morgen kommt der Weihnachtsmann«, »Summ, summ, summ« … Kennst du diese Kinderlieder? Sie wurden vom Dichter August Heinrich Hoffmann von Fallersleben aus der Nähe von Wolfsburg verfasst. Er schrieb 1834 auch den Text zur deutschen Nationalhymne: »Einigkeit und Recht und Freiheit«. Damals gab es nicht ein Deutschland, sondern viele kleine Staaten. Doch alle fühlten sich zusammen als deutsch, und das will dieses Lied ausdrücken.

Hundertwasserbahnhof Uelzen

Mitmachtipp!

Entwirf dein Traumhaus

Male dein eigenes Traumhaus im Stil von Friedensreich Hundertwasser.

DU BRAUCHST:
Zettel und Stifte

SO GEHT'S: Male dein Traumhaus. Es gibt keine Regeln! Hauptsache kunterbunt, mit krummen Linien und runden Ecken, mit Türmchen oder Bäumen auf dem Dach. Du darfst träumen!

Wer hat den Bahnhof bunt gemacht?

Bunte Türmchen, goldene Dachspitzen, Pflanzen auf dem Dach: Ist das wirklich ein Bahnhof oder doch ein Märchenschloss? Es ist tatsächlich ein Bahnhof, und zwar der in Uelzen. Eigentlich ist er etwa 100 Jahre alt, aus orangefarbenen Backsteinen erbaut und sah ursprünglich recht gewöhnlich aus. Doch dann kam der weltberühmte österreichische Künstler Friedensreich Hundertwasser (1928–2000). Er hat Pläne entwickelt, wie man den Bahnhof ganz anders aussehen lassen kann, viel farbenfroher und künstlerischer: mit vielen bunten Kacheln und Fliesen an den Wänden und auf dem Fußboden, abgerundeten Ecken, schrägen Wegen, einem kleinen Wasserfall, Bäumen und Gräsern auf dem Dach. Am schönsten sind wohl die bunten Säulen mit ihren goldenen Kugeln, die den Eingang schmücken. Da fährt doch jeder gern Zug!

Hundertwasserbahnhof Uelzen von innen

Friedensreich Hundertwasser

Ausflugstipp!

Ein Museum für Kinder!

Das Kindermuseum in Hannover hätte Hundertwasser sicher gefallen. Schließlich ist hier alles anders als in normalen Museen. Es gibt keine verschlossenen Vitrinen und schwierigen Texte. Stattdessen kannst du alles anfassen und ausprobieren! Die Ausstellungen wechseln immer wieder. Mal geht es um Kunst – Zinnober ist ja schließlich ein Rotton –, mal um Architektur, um Magnete oder Zahlen. Du kannst auch an Workshops teilnehmen oder deinen Geburtstag hier feiern.

Zinnober – Ein Museum für Kinder und Jugendliche in der Region Hannover e. V.
Badenstedter Straße 48
30453 Hannover
www.kindermuseum-hannover.de

Knapp 100 Jahre nach Goethes Wanderungen *fuhren Touristen mit den ersten Eisenbahnen in den wilden Harz.*

Wo ist alles in Bewegung?

Wer erwanderte den Harz?

Der berühmte Dichter Johann Wolfgang von Goethe (1749–1832) war an der Natur interessiert und reiste viel. So gehörte er auch zu den frühen Harz-Touristen. Im Dezember 1777 wanderte er vom Torfhaus aus auf den Brocken und wieder zurück.

Das Wandern war damals noch nicht so verbreitet wie heute. Was wir inzwischen als Sport betreiben, war früher Alltag: Wandern, Laufen, Reiten und Radfahren dienten ganz einfach der Fortbewegung, nicht dem Vergnügen. Doch vor rund 250 Jahren begannen die Menschen, die Natur in ihrer Freizeit zu genießen und sich dabei zu bewegen. Mehr und mehr wurden Sportarten, die früher zum Alltag gehört hatten, ein Hobby.

Wer spielte zuerst Fußball?

Einen Ball oder einen anderen rundlichen Gegenstand hin und her zu kicken oder zu werfen – diese Idee hatten Menschen zu allen Zeiten in allen Ländern. Das moderne Fußballspiel mit seinen Regeln wie Abseits und Elfmeter wurde um 1850 in England erfunden. Die ersten Deutschen, die das neue Spiel ausprobierten, waren zwei Lehrer aus Braunschweig. 1874 ließen sich Konrad Koch und August Hermann einen Fußball aus England schicken, erklärten ihren Schülern die Spielregeln – und schon wurde gekickt. Koch gründete bald den ersten Fußballverein in Braunschweig und schrieb die Regeln für das neue Spiel auf.

Konrad Koch leitete 1874 das erste deutsche Fußballspiel.

Zunächst spielten nur Jungs Fußball. Mädchen ließ August Hermann lieber Korbball spielen, es ähnelt Basketball. Beiden Lehrern ging es eigentlich nicht darum, neue Sportarten auszuprobieren. Bei den Mannschaftsspielen sollten die Schüler Teamgeist und Disziplin lernen und fit werden, um im Unterricht besser aufpassen zu können.

Die englische Krankheit!

Viele Gegner des neuen Sports schimpften auf die »englische Krankheit«, die »Fußlümmelei«. Fußball erschien ihnen zu wild und ungesittet. Manchmal wurden Lehrer und Schüler der Schule verwiesen, weil sie Fußball spielten.

Sport tut gut:
Hier spielt die Deutsche Nationalmannschaft der Gehörlosen in Hannover.

Wie viele Niedersachsen treiben Sport?

Gibt es bei dir im Ort auch einen TuS, einen SV oder einen FC? Bestimmt! Die Abkürzungen stehen für »Turn- und Sportverein«, »Sportverein« und »Fußballclub«. Fast 10.000 Sportvereine gibt es in Niedersachsen. Der größte ist Hannover 96, er hat rund 20.000 Mitglieder, zusammen haben die Sportvereine sogar 2,6 Millionen Mitglieder. Das heißt, dass sich jeder dritte Niedersachse im Verein fit hält: bei Sportarten von A wie Aikido über J wie Judo bis W wie Wasserski. Die meisten Sportler in niedersächsischen Vereinen sind Turner (etwa 770.000), dicht gefolgt von den Fußballern (rund 640.000), danach kommen mit großem Abstand die Schützen, Tennisspieler und Reiter, und dann die Handballer, Tischtennisspieler, Leichtathleten, Rettungsschwimmer und Behindertensportler. Machst du auch Sport im Verein?

Wo spielt man auf der Straße?

Hauptsächlich im Westen und Norden Niedersachsens. Da geht man nämlich auf Nebenstraßen und Feldwegen zum Boßeln und Kloatscheeten. Zum was? Beides sind Ballspiele für Gruppen. Beim Boßeln werfen die Sportler einen Gummiball und versuchen, für eine vorher festgelegte Strecke möglichst wenige Würfe zu brauchen. Boßeln kannst du hauptsächlich in Ostfriesland, rund um Oldenburg und im Emsland. In der Grafschaft Bentheim geht man zum Kloatscheeten. Hierbei wird eine schwere Scheibe geworfen. Gemeinsam wollen die Spieler eines Teams mit ihren Würfen möglichst weit kommen.

Eine nette Gruppe, ein Bollerwagen voller Proviant und hinterher Grünkohl: Das gehört zum Boßeln.

Die Boßelspiele haben sogar ein eigenes Verkehrsschild!

Wer springt über Wassergräben?

Echte Sportler? Ja, wirklich, die Sportler beim Pultstockspringen. Diese Sportart kannst du dir vorstellen wie modernen Stabhochsprung, dabei ist sie schon ziemlich alt. An der Nordsee und der Elbe und auch im Moor gab es früher viele Wassergräben. Um sie zu überwinden, nutzten die Menschen lange Stöcke. Anlauf nehmen, auf den Stab stützen und huiii! fliegt man über den Graben. Früher war Pultstockspringen also eine alltägliche und überaus praktische Fortbewegungsart. Heute ist es meist ein Spaß für Touristen und Sportler.

Wer spielt in der Bundesliga?

Bei der Bundesliga denken die meisten zuerst an Herrenfußball. Aber auch in anderen Sportarten gibt es solche deutschlandweiten Spielklassen, nicht zu vergessen die Frauenteams. In der Ersten Fußball-Bundesliga spielen derzeit zwei Vereine aus Niedersachsen, Hannover 96 und der VfL Wolfsburg. Auch die Frauen des VfL Wolfsburg spielen erstklassig. Die Spielerin Alexandra Popp vom Wolfsburger Verein wurde 2016 zur deutschen und niedersächsischen Sportlerin des Jahres gewählt und gewann mit ihrem Team Gold bei den Olympischen Spielen.

Die Göttinger Bundesliga-Basketballer *spielen in Blau – daher auch ihr Spitzname »Veilchen«.*

In der Basketball-Bundesliga sind sogar vier Mannschaften aus Niedersachsen am Ball: die EWE Baskets Oldenburg, der SC Rasta Vechta, die Basketball Löwen Braunschweig und die BG Göttingen. Auch im Baseball, Eishockey, American Football und Rugby gibt es Bundesliga-Vereine aus Niedersachsen.

Nationalspieler aus Hannover

Per Mertesacker wurde 1984 in Hannover geboren. Der Innenverteidiger spielte beim TSV Pattensen und bei Hannover 96, beim SV Werder Bremen und beim englischen Club FC Arsenal. Mehr als 100-mal kickte er für die deutsche Fußball-Nationalelf und wurde 2014 mit ihr Weltmeister. Mit seinen 1,98 Metern und seinen vielen Erfolgen ist Per wirklich ein »groß«-artiger Spieler!

Per Mertesacker

Ultimativ sportlich

Justin Wollny spielt Ultimate Frisbee in der U17-Nationalmannschaft. In diesem Sport versuchen die Spieler, eine Frisbeescheibe in die Endzone des Gegners zu werfen.

Seit wann bist du in der Nationalmannschaft, Justin?

Seit zwei Jahren. Mein erstes Turnier war die EM 2016, da sind wir Dritte geworden und 2017 sogar Zweite.

Wo und wie oft trainierst du?

Wir haben einmal im Monat ein Trainingslager irgendwo in Deutschland. Das nächste ist in Heidelberg und die nächste Deutsche Meisterschaft in Stuttgart. Die EM war in den Niederlanden. Angefangen hat aber alles mit der Schul-AG. Dort trainiere ich immer noch dreimal in der Woche.

Was ist das Besondere am Ultimate Frisbee?

Es ist ein schnelles Spiel und sehr laufintensiv. Außerdem ist es sehr fair. Es gibt keinen Schiri, die Spieler achten selbst darauf, dass alle die Regeln einhalten.

Wie ist es, im Team zu spielen?

Toll! Wir sind im Nationalteam keine Konkurrenten, sondern Freunde, immer gut gelaunt und positiv. Unser Motto ist »We are one«. Das heißt, dass wir ein Team sind, aber auch, dass wir die Nummer eins sein wollen.

Wovon träumst du in deinem Sport?

Ich möchte Deutscher Meister werden und nächstes Jahr in die U20-Nationalmannschaft kommen. Und dann will ich eines Tages zur Weltmeisterschaft fahren.

Justin Wollny im Spiel

Wie nass ist Wassersport?

Auf der Nordsee, den Flüssen und Seen kann man prima Kanu fahren, surfen und segeln. Vor allem um Cuxhaven herum fühlen sich die Segler pudelwohl, denn hier gibt es Wind und Wellen im Überfluss. Segeln können auch schon Kinder lernen. Natürlich kann man nicht nur mit Boot oder Board auf dem Wasser sportlich sein, sondern auch mittendrin beim Schwimmen und Tauchen. An der Nordseeküste musst du allerdings oft erst ein paar Stunden warten, bevor du schwimmen kannst. Denn bei Ebbe ist einfach kein Wasser da.

Ein etwas ungewöhnlicher Sport, der nah am Wasser stattfindet, ist das Strandsegeln: Dabei sitzt der Sportler in einer Art Segelboot auf Rädern. Der Meereswind schiebt ihn rasend schnell über den Strand. Fürs Strandsegeln braucht man eine Menge Platz und viel Wind, das gibt es zum Beispiel auf Borkum, Juist, Norderney und Langeoog. Beim Wassersport gilt: Nass wirst du auf alle Fälle!

Zwei Kinder segeln zusammen in der »Teenie-Jolle«.

Auf dem Maschsee Hannover wird um die Wette gepaddelt.

Besuche das Drachenboot-festival Hannover!

Jedes Jahr am Pfingstwochenende verwandelt sich der Maschsee in eine Rennstrecke: Dann findet das dreitägige Drachenbootfestival statt.

Bei der größten Drachenbootregatta Deutschlands treten etwa 3.600 Sportler aus dem In- und Ausland in bis zu 150 Mannschaften gegeneinander an. Jedes Team versucht als Erstes mit dem 250 Kilogramm schweren Boot ins Ziel zu kommen, das mit dem Kopf und Schwanz eines Drachens verziert ist. Weil es bei dem Rennen drei verschiedene Klassen gibt, kämpfen in Hannover Hobbykanuten ebenso um einen Pokal wie Leistungssportler. Alle acht Minuten stechen sechs Mannschaften gleichzeitig in See und liefern sich – begleitet von Trommelschlägen und Zuschauerapplaus – Kopf-an-Kopf-Rennen.

www.drachenbootfestival-hannover.de

Beim Vielseitigkeitsreiten des CCI Luhmühlen geht es für Pferd und Reiter quer durchs Gelände.

Wo kannst du reiten?

Überall in Niedersachsen! Egal wo, du kannst fast immer Pferdekoppeln mit Braunen, Schimmeln, Füchsen oder Rappen sehen. Reitvereine und Reiterhöfe gibt es in vielen Orten. Aber auch wichtige Pferdeauktionen und internationale Turniere finden hier statt.

Im Landkreis Harburg gibt es jährlich den CCI Luhmühlen, ein wichtiges Turnier für Vielseitigkeitsreiter. Dabei stellen Pferd und Reiter ihr Können in Dressur, Springen und im Gelände unter Beweis. Im Ausbildungszentrum Luhmühlen trainieren professionelle Reiter.

»Horses and Dreams« (Pferde und Träume) genießen die Besucher beim Spring- und Dressurturnier in Hagen am Teutoburger Wald. Hier messen sich Reiter in verschiedenen Prüfungen, und es gibt ein tolles Showprogramm rund ums Pferd.

Wo werden Pferde gezüchtet?

Bei der Hengstparade zeigen die Celler Zuchthengste ihr Können.

So sieht das Abzeichen der Hannoveraner aus.

In Celle befindet sich das Landgestüt. Es wurde 1735 gegründet, um eine neue Pferderasse zu züchten, damals für Soldaten und Landwirte, heute für den Sport: die Hannoveraner. Bei den Hengstparaden im September kannst du die Tiere bewundern: beim Dressurprogramm, in der Quadrille oder vor der Kutsche. Sogar ein Dreizehnspänner, ein Wagen mit 13 Pferden, rast durch die Arena!

Schon vor 400 Jahren wurden die ersten Oldenburger gezüchtet, eine Pferderasse aus der Gegend um, na klar, Oldenburg. Die Tiere sind hervorragend in Springen und Dressur. Auf dem Oldenburger Marktplatz kannst du eines als Statue besichtigen: »Donnerhall«, ein weltberühmtes Dressurpferd.

Ausflugstipp!

Vom Urpferdchen zum Sportpferd

Möchtest du alles über die Entwicklung vom Urpferdchen bis zum heutigen Hauspferd wissen, erfahren, wie ein Pferdezahnarzt arbeitet oder was eigentlich ein Stellmacher tut? Möchtest du berühmte Sportpferde und wunderschöne Zuchtpferde kennenlernen? Das alles geht im Pferdemuseum. Du kannst auch selbst aktiv werden, zum Beispiel im Damensattel sitzen, ein Gespann kutschieren oder virtuell über die Rennbahn jagen. Also ab im Galopp nach Verden an der Aller!

Deutsches Pferdemuseum
Holzmarkt 9
27283 Verden (Aller)
www.dpm-verden.de

Im Harz kannst du auf einer Wanderung ganz leicht Wanderprinz werden.

Auf der Oker kann man auch Kajak fahren.

Wer wird Wanderprinz?

Du vielleicht? Oder wärst du lieber eine Wanderprinzessin? Alles, was du dafür tun musst, ist Urlaub im Harz zu machen und kräftig zu wandern.
An verschiedenen Stationen kannst du dir einen Stempel in deinen Wanderpass machen. Mit elf Stempeln hast du es geschafft: Du bist nun ein waschechter Harzer Wanderprinz oder eine Wanderprinzessin.
Auch sonst kann man sich im Harz als Sportler richtig austoben. Wer etwas rascher zu Fuß unterwegs sein will, nimmt die Nordic-Walking-Stöcke mit. Mutigere wagen sich ans Klettern auf Klettersteigen oder mit Seilen an steilen Klippen.
Auf den Seen und Talsperren kann man Wassersport treiben: Tretboot fahren, schwimmen, angeln, sogar surfen.
Im Wildwasser der Harzflüsse, etwa der Oker, werden Kanu- und Kajakfahrer nass. Mountainbiker rasen die Hänge hinab, und vom Rammelsberg bei Goslar starten Drachen- und Segelflieger.

Einsatz der Bergwacht im Harz

Rettung für Sportler!

Wenn es beim Sport im Harz mal gefährlich wird, ist Hilfe zum Glück nicht weit. Die Bergwacht rettet Verletzte, wenn ein normaler Rettungswagen nicht mehr durchkommt: an steilen Hängen, aus Schluchten, Höhlen oder von hohen Bäumen.

Wo treibt man im Winter Sport?

Im Schnee natürlich! Je höher die Berge im Harz, umso mehr Schnee fällt. Dann kannst du skifahren, rodeln oder schneeschuhwandern. Skilifte gibt es zum Beispiel auf dem Wurmberg, dem Großen und Kleinen Sonnenberg und dem Bocksberg. Von dort kannst du eine rasante Abfahrt wagen, entweder auf Skiern oder mit dem Schlitten. Etwas gemütlicher geht es beim Langlauf zu. Und wem das alles zu viel ist, der kann in der verschneiten Landschaft schöne Wanderungen unternehmen, nämlich auf den Wanderwegen »Harzer Hexenstieg« oder »Harzer Grenzweg« entlang der ehemaligen DDR-Grenze.

Juhu, der Gipfel des Wurmbergs ist erreicht!

Die niedersächsische Flagge mit dem Sachsenross in der Mitte.

Was gibt es noch in Niedersachsen?

Warum ist ein Pferd im Wappen?

Seit 1951 ziert ein weißes Pferd auf rotem Grund das niedersächsische Wappen. Schau mal auf das Nummernschild eines Autos, dort siehst du es. An manchen Feiertagen hängt auch vor deiner Schule oder am Rathaus die deutsche Flagge in Schwarz-Rot-Gold mit dem niedersächsischen Wappen in der Mitte. Schon die Welfen hatten das sogenannte »Sachsenross« im Wappen. (Die Sachsen aus dem frühen Mittelalter allerdings nicht.) Das Pferd war damals ein Zeichen für die Verbundenheit der Menschen mit den Tieren.

Auch die Wappen einiger Landkreise in Niedersachsen zeigen ein Pferd.

Kleiner Plattdeutsch-Sprachführer

Plattdeutsch spricht man nicht nur in Niedersachsen. Es ist auch in anderen Teilen Norddeutschlands verbreitet, in Hamburg und Mecklenburg-Vorpommern, und sogar in den Niederlanden. Plattdeutsch und Hochdeutsch sind verwandt, genau wie Plattdeutsch und Englisch. Deswegen sind sich manche Worte sehr ähnlich: »Buch« heißt zum Beispiel auf Platt »Book« oder »Bauk«, auf Englisch »book«.
Am Beispiel »Book/Bauk« hast du schon gemerkt: Plattdeutsche Wörter unterscheiden sich untereinander auch noch mal, je nachdem, wo sie gesprochen werden. Plattdeutsch wurde und wird selten aufgeschrieben. Man muss Platt snacken, schnacken, proten oder kören!

Plattdeutsch	Hochdeutsch
de Ackersnacker	das Handy
bannig	sehr
een, twee, dree	eins, zwei, drei
goot	gut
he, se, dat	er, sie, es
dat Hus	das Haus
geburden ward	geboren wird
ick bün	ich bin
Maakt nix!	Macht nichts!
Öllern	Eltern

Lerne Platt schnacken!
Diese Ausdrücke helfen dir auch dabei, das Interview auf Seite 51 zu verstehen.

Plattdeutsch	Hochdeutsch
ick dä antwurten	ich täte/würde antworten
liern	lernen
maakt (sprich: mohkt, das oh klingt offen wie in Hochzeit)	macht
seggt (sprich: secht)	sagt
snacken, schnacken, proten, kören	sprechen
Ik snack Platt.	Ich spreche Platt.
Wi snackt Platt.	Wir sprechen Platt.
dat Waater (sprich: Woder)	das Wasser
wedder (sprich: wä-er)	wieder
Wo geiht di dat? – Goot.	Wie geht es dir? – Gut.

Um hier die Uhrzeit abzulesen, musst du die Zahlen von eins bis zwölf auf Platt verstehen.

Weitere Ausflugstipps

Niedersachsen hat noch viel mehr zu bieten! Hier eine kleine Auswahl:

Landschaft

- ★ ***Küstenmuseum Wilhelmshaven,*** *Weserstraße 58, 26382 Wilhelmshaven (www.kuestenmuseum.de)*
- ★ ***Natureum Niederelbe,*** *Neuenhof 8, 21730 Balje (www.natureum-niederelbe.de)*
- ★ ***Niedersächsisches Landesmuseum Hannover,*** *Willy-Brandt-Allee 5, 30169 Hannover (www.landesmuseum-hannover.niedersachsen.de)*
- ★ ***Serengeti-Park Hodenhagen,*** *Am Safaripark 1, 29693 Hodenhagen (www.serengeti-park.de)*
- ★ ***UNESCO-Weltnaturerbe Wattenmeer Besucherzentrum,*** *Südstrand 110 b, 26382 Wilhelmshaven (www.wattenmeer-besucherzentrum.de)*
- ★ ***Weltvogelpark Walsrode,*** *Am Vogelpark, 29664 Walsrode (www.weltvogelpark.de)*
- ★ ***Wolfcenter,*** *Kasernenstraße 2, 27313 Dörverden-Barme (www.wolfcenter.de)*
- ★ ***Zoo Hannover,*** *Adenauerallee 3, 30175 Hannover (www.zoo-hannover.de)*

Bevölkerung

- ★ ***Archäologisches Zentrum Hitzacker,*** *Elbuferstraße 2–4, 29456 Hitzacker (Elbe) (www.archaeo-zentrum.de)*
- ★ ***Eisenzeithaus Venne,*** *Knostweg 4, 49179 Ostercappeln-Venne (www.eisenzeithaus.de)*
- ★ ***Gedenkstätte Bergen-Belsen,*** *Anne-Frank-Platz, 29303 Lohheide (http://bergen-belsen.stiftung-ng.de)*
- ★ ***Gedenkstätte Deutsche Teilung Marienborn,*** *An der BAB 2, 39365 Marienborn (www.marienborn.de)*
- ★ ***Großsteingrab Sieben Steinhäuser,*** *Truppenübungsplatz Bergen, 29664 Ostenholz (Zufahrt nicht immer möglich! Informationen: https://osterheide.bundesimmobilien.de/397963/aktuelles)*
- ★ ***Grube Samson Bergwerksmuseum & Erlebniszentrum,*** *Am Samson 2, 37444 St. Andreasberg (www. grube-samson.de)*
- ★ ***Städtisches Museum Schloss Salder,*** *Museumstraße 34, 38229 Salzgitter (www.salzgitter.de/stadtleben/kultur/museum)*
- ★ ***Straße der Megalithkultur,*** *Emsland (www.strassedermegalithkultur.de/de/33-spannende-megalith-stationen)*

Essen und Trinken

- **Deutsches Salzmuseum,** Sülfmeisterstraße 1, 21335 Lüneburg (www.salzmuseum.de)
- **Europäisches Brotmuseum,** Göttinger Straße 7, 37136 Ebergötzen (www.brotmuseum.de)
- **Freilichtmuseum am Kiekeberg,** Am Kiekeberg 1, 21224 Rosengarten (www.kiekeberg-museum.de)
- **Teemuseum Norden,** Am Markt 36, 26506 Norden (www.teemuseum.de)

Schule und Arbeit

- **Braunschweigisches Landesmuseum,** Burgplatz 1, 38100 Braunschweig (www.3landesmuseen.de)
- **Deutsches Erdölmuseum Wietze,** Schwarzer Weg 7–9, 29323 Wietze (www.erdoelmuseum.de)
- **Feuerwehrmuseum Salzbergen,** Overhuesweg 18, 48499 Salzbergen (www.feuerwehrmuseum-salzbergen.de)
- **Nordwestdeutsches Schulmuseum,** Wehdestraße 97, 26340 Zetel (www.schulmuseum.de)
- **phaeno** Willy-Brandt-Platz 1, 38440 Wolfsburg (www.phaeno.de)
- **Spielmuseum Soltau,** Poststraße 7+15, 29614 Soltau (www.spielmuseum-soltau.de)

Wohnen

- **Burg Greene,** 37547 Kreiensen-Greene (www.greener-burg.de)
- **Inselmuseum Spiekeroog,** Nooderloog 1, 26474 Spiekeroog (www.inselmuseum-spiekeroog.de)
- **Schloss Clemenswerth,** 49751 Sögel (www.clemenswerth.de)
- **Schloss Osnabrück,** Neuer Graben 29, 49074 Osnabrück (www.osnabrueck.de/tourismus/wissens-und-sehenswertes/sehenswuerdigkeiten/schloss-osnabrueck.html)
- **Museumsdorf Hösseringen,** Landtagsplatz 2, 29556 Suderburg (www.museumsdorf-hoesseringen.de)

Feste, Kunst, Kultur

- **Horst-Janssen-Museum,** Am Stadtmuseum 4–8, 26121 Oldenburg (www.horst-janssen-museum.de)
- **Kloster Isenhagen,** Klosterstraße 2, 29386 Hankensbüttel (www.kloster-isenhagen.de)
- **Münchhausen-Museum,** Münchhausenplatz 1, 37619 Bodenwerder (www.muenchhausenland.de/muenchhausen/muenchhausen-museum/sub,9_3.html)
- **Wilhelm-Busch-Haus Mechtshausen,** Pastor-Nöldeke-Weg 7, 38723 Seesen-Mechtshausen (www.wilhelm-busch-haus.de)

Sport und Spiel

- **Barfußpark Egestorf,** Ahornweg 9, 21272 Egestorf (www.barfusspark-egestorf.de)
- **Heide Park Resort in Soltau,** Heide Park 1, 29614 Soltau (www.heide-park.de)
- **Sommerrodelbahn Bocksbergbob,** An den Teichwiesen, 38644 Goslar-Hahnenklee (www.erlebnisbocksberg.de/sommerfreuden/sommerrodelbahn)

Rekorde in und um Niedersachsen

Handtaschenweitwurf: Der Niedersachse Stefan Koopmann hält seit 2016 den Weltrekord im Handtaschenweitwurf. 46,20 Meter weit warf er die Handtasche seiner Mutter.

Kirchturm: Der höchste Turm Niedersachsens ist der der St.-Andreas-Kirche in Hildesheim (114,5 Meter). Zum Vergleich: Das Ulmer Münster mit dem höchsten Kirchturm Deutschlands ragt 161,5 Meter in den Himmel.

Wald: Der Wald in den Landkreisen Celle und Uelzen ist das größte zusammenhängende Waldgebiet Deutschlands.

Truppenübungsplatz: Mit 26 Kilometer Länge und 18 Kilometer Breite ist der Truppenübungsplatz Bergen der größte in Deutschland. Die menschenleere Gegend ist ein ideales Revier für Wölfe, außerdem liegen hier die Sieben Steinhäuser, eine Gruppe von fünf Großsteingräbern.

Einige einzigartige Orte und Gegenstände sind als UNESCO-Welterbe eingestuft:

- Niedersächsisches Wattenmeer
- Dom und Michaeliskirche Hildesheim
- Bergwerk Rammelsberg
- Altstadt von Goslar und Oberharzer Wasserregal mit Grube Samson und Kloster Walkenried im Harz
- Fagus-Werk in Alfeld
- Briefwechsel von Leibniz in der Niedersächsischen Landesbibliothek Hannover
- um 1450 gedruckte Gutenberg-Bibel in der Niedersächsischen Staats- und Universitätsbibliothek Göttingen.

Das Oberharzer Wasserregal ist ein System von Teichen und Kanälen.

Entdeck, was in dir steckt!
ZEIT LEO, das bunte Kindermagazin der ZEIT, mit spannenden Geschichten, kniffligen Rätseln und kreativen Ideen zum Selbermachen. Damit jedes Kind entdeckt, was alles in ihm steckt.
Jetzt 1x ZEIT LEO gratis testen: Einfach Gutscheincode ZL5992EMO auf www.zeit.de/leo-gutschein eingeben!
Jetzt 1x gratis testen!
ZEIT leo
Ausgabe 1 2017
Das Magazin für Kinder
IM INTERNET? ABER SICHER!
So passt Du beim Surfen und Posten auf Dich auf
Mehr entdecken auf: www.zeitleo.de
ZEIT leo

DIE AUTORIN

Anne Scheller ist seit 1980 Niedersächsin. Geboren wurde sie in Bremervörde, aufgewachsen ist sie bei Uelzen. Das Leben führte sie kurz nach England und lange nach Bayern, bevor sie in die Lüneburger Heide zurückkehrte. Dort schreibt sie Kinderbücher und freut sich an Niedersachsens Wald, Wind und Weite.

DIE ILLUSTRATORIN

Anne Bernhardi, *Jahrgang 1981, ist Diplom-Designerin und Illustratorin. Sie arbeitet seit vielen Jahren für diverse namhafte Kinderbuchverlage, liebt historische Themen und lebt und zeichnet heute bei Köln.*

ZEIT leo

Tipps und Ideen für spannende Unternehmungen findest du auch alle zwei Monate in **ZEIT LEO**, *dem Kindermagazin der ZEIT für Jungen und Mädchen ab 8 Jahren. Es regt die Fantasie an, vermittelt Wissen und will Kinder motivieren, selbst die Welt zu gestalten. Mehr dazu findest du auf* **www.zeitleo.de**.

Bildnachweis

S. 13 ©Anne Bernhardi: S. 6/7, 54/55; S. 13 ©Seehundstation Norddeich; S. 24 Mitte ©Stadt Osnabrück; S. 25 oben ©Wolfcenter Barme/www.wolfcenter.de; S. 27 ©Dinosaurier-Park Münchehagen GmbH & Co. KG; S. 29 Mitte ©Landesmuseum Hannover – ARTOTHEK_60890; S. 30 oben ©Institut für historische Küstenforschung; S. 31 Varusschlacht im Osnabrücker Land (©Michel Münch); S. 49 ©Eva Scheffer; S. 53 Museumsdorf Cloppenburg (©Michael Stephan), S. 82 ©Wiebke Schlieker; S. 85 ©Rittergut Stovern; S. 95 ©Museum Hameln; S. 97 Random House (©Isabelle Grubert); S. 103 ©Catprint GmbH; S. 104 Mitte Klasse wir singen! (©Iris Kloepper); S. 113 ©Privat; S. 114 Segelschule Hannover (©Birgit Henke); S. 115 Drachenbootfestival Hannover (©Klaus Rosentreter); S. 118 oben ©Siegfried Richter; S. 119 oben ©Bergwachtgruppe Clausthal-Zellerfeld;
©Akg Images: S. 52 Mitte AKG160073, S. 66 AKG183082;
©Bundesarchiv: S. 46 Bild 183-2005-0803-519 (©Krueger), S. 94 Bild 102-13445 (©Pahl, Georg), S. 108 Bild 183-2009-0517-500 (©k. A.);
©Fotolia: S. 4 (©ruzi), S. 10 oben (©animaflora), S. 10 Mitte (©contadora1999), S. 10 unten (©by-studio), 15 unten (©pixelmaxl), S. 16 (©Hans Peter Denecke), S. 18 (©Hans Sehringer), S. 30 (©emeraldphoto), S. 32 (©Sushi), S. 52 unten (©margo555), S. 56 oben (©fotografci), S. 91 Mitte (©Daniel Prudek), S. 100 (©pico), S. 120 oben (©fotolium);
©Pixelio: S. 8 (©TiM), S. 17 (©Peter Bast), S. 58 Mitte oben (©www.BlickReflex.de), S. 58 Mitte unten (©berwis), S. 58 unten (©Maria Lanznaster), S. 59 (©Simone Hainz), S. 60 (©w.r.wagner) S. 61 unten rechts (©ELZA), S. 61 unten links (©Luise), S. 62 Mitte (©Tim Reckmann), S. 65 (©Verena Münch), S. 80 (©Birgit), S. 80 (©zaubervogel), S. 89 oben (©Uwe Duwald);
©Anne Scheller: S. 11, 35 unten, 51, 63 unten, 65 oben, 75 unten, 83 unten, 103 unten;
Wikimedia commons: S. 9 oben und Mitte (©C. Löser), S. 12 oben (©Jochen Teufel), S. 12 Mitte (©4028mdk09), S. 14 (©Carschten Disk-Cat), S. 15 Mitte (©Martina Nolte), S. 19 oben (©Johannes Peter Weener), S. 19 unten (©Andreas Reiner), S. 20 (©Ramsch), S. 21 rechts (©Emsland Touristik GmbH), S. 21 Mitte (©Axel Hindemith), S. 22 unten (©Mars 2002), S. 22 Mitte k. A., S. 23 (©AxelHH), S. 24 unten, S. 25 Mitte (©Michael Gäbler), S. 26 oben (©Unicornhole), S. 26 unten (©Gottfried Hoffmann), S. 28 (©P. Pfarr NLD), S. 29 unten (©Michel Schauch), S. 32/33 (©Heribert Pohl), 34 oben ©Jobel), S. 34 unten (Tilman2007), S. 35 Mitte (©Daderot), S. 36/37, S. 38 links (©Uwe H. Friese), S. 38 rechts, S. 39 (©Wolf Rabe, S. 40 (©kgBerger), S. 41 (©Jens Bludau), S. 42 (©A. Savin), S. 43 Mitte und unten, S. 44 (©Lüko Willms), S. 45 (©Tsungarn), S. 45 unten, S. 47 Mitte (©HBrüning), S. 47 unten (©Westral), S. 48 Mitte (©Bernd Schwabe aus Hannover), S. 48 unten (©Professor Phisigma), S. 50 (©South Geist), S. 56 Mitte (©GeoTrinity), S. 57 (©Superbass), S. 58/59 oben (©Gothe), S. 60 unten (©Ogmios), S. 62 oben, S. 62 Mitte (©GeoTrinity), S. 63 oben (©Matthias Süßen), S. 64 oben (©Stefan Scheer), S. 64 unten (© Elke Freese), 67 oben (©OS Meyer), S. 68 (©Inselmann), S. 69 (©Werner Schorp), S. 70 Mitte und unten, S. 71 oben, S. 71 unten (©Rainer Zenz), S. 72 (©Blue Lotus), S. 73 (©Jörg Behrens), S. 74 (©Axel Hindemith), S. 75 oben (©TeWeBs), S. 76 oben (©Allatka), S. 76 Mitte (©Sven Storbeck), S. 77 (©Matthias93), S. 78 (©Martina Nolte), S. 79 (©Schohi), S. 83 oben (©Hajotthu), 84 k. A., S. 86 oben und Mitte (©Hajotthu), S. 87 (©Michaela Gäbler), S. 88 (©Martina Nolte), S. 89 (©Uwe Duwald), S. 90 (©Christian A. Schröder), S. 91 oben (©ourtinycabinproject), S. 92 (©Axel Hindemith), S. 93 (©ElHeineken), S. 96 Mitte und unten, S. 97 oben, S. 98, S. 99 oben (©Brunswyk), S. 99 unten, S. 100/101 (©Kloster Ebstorf), S. 102/103 (©Hajotthu), S. 104 unten (©Daniel Kruczynski), S. 105 (©Hans-Jörg Gemeinholzer), S. 106 und S. 107 oben (©W. Bulach), S. 107 unten (©Hannes Grobe), S. 109 oben und Mitte, S. 110 (©Thomas Fries), S. 111 oben (©Heribert Duling), S. 111 Mitte (©Columbus), S. 112 oben (©Bigmatbasket), S. 112 unten (©Ronnie Macdonald), S. 115 unten (©Axel Hindemith), S. 116 (©Steinfurt), S. 117 oben (©Hajotthu), S. 117 Mitte (©Mijobe), S. 118 Mitte (©Lesselich), S. 119 unten (©Kassandro), S. 120 rechts unten k. A., S. 120 Mitte (©Kappe66), S. 121 (©Christian Alexander Tietgen), S. 122 oben (©Alexander Hindemith), S. 122 unten (©Kaikanne), S. 123 (©Jürgen Howaldt), S. 124 oben (©Minderbinder), S. 124 unten (©Dirk Schmidt);
S. 27, 31, 57, 77, 87, 95, 113: ZEIT-LEO-Tipps: ©Zeitverlag Gerd Bucerius GmbH &Co. Kg, Hamburg, Texte: Frauke König, Leo-Illustrationen Maren Amini.

Umschlag: U1: ©Fotolia: oben Mitte (©Gabriele Rohde), Mitte links (©Bjoern Wylezich), Mitte (©ViennaFrame), unten rechts (©Jacek Chabraszewski); ©Wolfcenter Barme/www.wolfcenter.de; ZEIT LEO-Illustration: Maren Amini; Illustrationen: Conny Laue; U4: Wikimedia commons: links (©Unicornhole), rechts (©W. Bulach)

Der Verlag dankt allen Bildgebern ganz herzlich, dieses Buchprojekt mit umfangreichem Bildmaterial unterstützt zu haben. Der Verlag und die Autorin haben sich um die Rechteeinholung bemüht. Nicht in allen Fällen ist uns dies gelungen. Sollten Rechte geltend gemacht werden, bitten wir die Rechteinhaber, sich mit dem Nachweis direkt an den Verlag zu wenden.

FSC
www.fsc.org
MIX
Papier aus verantwortungsvollen Quellen
FSC® C002795

Impressum

Bibliografische Information der Deutschen Nationalbibliothek
Die Deutsche Nationalbibliothek verzeichnet diese Publikation in der Deutschen Nationalbibliografie; detaillierte bibliografische Daten sind im Internet über http://dnb.d-nb.de abrufbar.

Umschlaggestaltung: Editorial Design & Artdirection, Conny Laue, Bochum

© 2018 Emons Verlag GmbH
Alle Rechte vorbehalten

Lektorat und Bildredaktion: Ulrike Burgi, Köln
Redaktion: Daria Gaberdan-Koprowski
ZEIT LEO-Tipps: © Zeitverlag Gerd Bucerius GmbH & Co. KG, Hamburg
ZEIT LEO-Texte: Frauke König, Köln
ZEIT LEO-Illustrationen: Maren Amini
Satz und Gestaltung: Editorial Design & Artdirection, Conny Laue, Bochum
Illustrationen: Anne Bernhardi, Leichlingen

Druck und Bindung: Livonia Print, Lettland

ISBN 978-3-7408-0324-7

Unser Newsletter informiert Sie regelmäßig über Neues von emons: Kostenlos bestellen unter www.emons-verlag.de